T0161697

LIBERTÉ ET NÉCESSITÉ
CHEZ HOBBES
ET SES CONTEMPORAINS

ŒUVRES DE THOMAS HOBBES

Édition et traduction sous la direction de Y.-Ch. Zarka,

HOBBES SUPPLEMENTA

Directeur : Yves Charles ZARKA

LIBERTÉ ET NÉCESSITÉ CHEZ HOBBES ET SES CONTEMPORAINS

Descartes, Cudworth, Spinoza, Leibniz

sous la direction de

Yves Charles ZARKA

avec la collaboration de

Avishag Zafrani

LIBRAIRIE PHILOSOPHIQUE J. VRIN

6, Place de la Sorbonne

PARIS Vᵉ

© *Librairie Philosophique J. VRIN*, 2012
Imprimé en France
ISSN 2264-8186
ISBN 978-2-7116-2463-8

www.vrin.fr

INTRODUCTION

La question de la liberté chez Hobbes a été récemment l'objet d'un vif débat. La raison de cette actualité se trouve moins dans l'œuvre elle-même que dans la controverse sur le sens de la liberté dans la deuxième partie du XXᵉ siècle. Cette controverse a porté en particulier sur la définition négative de la liberté et son rôle dans l'histoire de la pensée libérale.

Or, ce débat contemporain est tout à fait différent de celui qui prévalait au XVIIᵉ siècle. A l'époque les oppositions étaient d'abord théologiques et métaphysiques, puis morales et politiques. Elles mettaient aux prises les tenants du libre-arbitre (Cudworth, Descartes) et de la contingence (Leibniz) avec les penseurs de la nécessité (Hobbes, Spinoza).

Dans ce volume, nous avons voulu réinscrire Hobbes dans la problématique de son temps, plutôt que dans celle du nôtre. Mais cette démarche, on le verra, met en lumière la force d'innovation de cette pensée : contrairement à ce que l'on dit souvent, le concept de liberté n'y est pas purement négatif. Hobbes est en effet l'inventeur d'une liberté individuelle nouvelle qu'il nomme lui-même *the true liberty* : la liberté de résister et de désobéir.

Y. Ch. Zarka

ABRÉVIATIONS

Lev   *Léviathan*, trad. fr. par F. Tricaud, Paris, Sirey, 1971.

Lib. N. *De la liberté et de la nécessité*, trad. fr. par Franck Lessay, Paris, Vrin, « Œuvres de Hobbes », tome XI-1, 1993.

QLN   *Questions concernant la liberté, la nécessité et le hasard*, trad. fr. par Luc Foisneau et Florence Perronin, « Œuvres de Hobbes », tome XI-2, Paris, Vrin, 1999.

EL   *Éléments du droit naturel et politique*, trad. fr. par D. Thivet, Paris, Vrin, 2010.

De Cive *De Cive*, trad. fr. Ph. Grignon, Paris, Flammarion, 2010.

PUISSANCE ET LIBERTÉ
DE LA MÉTAPHYSIQUE À LA POLITIQUE CHEZ HOBBES

YVES CHARLES ZARKA

La question de la liberté chez Hobbes a été récemment l'objet d'un vif débat. La raison de cette actualité se trouve moins dans l'œuvre elle-même que dans la controverse sur le sens de la liberté dans la deuxième partie du XXᵉ siècle. Le texte qui est au point de départ de cet intérêt est celui d'Isaiah Berlin, datant de 1958, intitulé « Deux conceptions de la liberté »[1]. On sait que dans ce texte, Berlin oppose liberté négative et liberté positive. Voici la définition qu'il donne de la première : « la contrainte implique l'intervention délibérée d'autrui dans l'espace à l'intérieur duquel je pourrais normalement agir. Il n'y a absence de liberté politique que lorsque des individus empêchent d'autres individus d'atteindre une fin »[2]. Un peu plus loin, il précise : « Etre libre, en ce sens, signifie être libre de toute immixtion extérieure. Plus vaste est cette aire de non-ingérence, plus étendue est ma liberté »[3]. Il s'agit d'une conception négative parce que la non-ingérence signifie l'absence d'obstacles extérieurs à l'exercice de nos facultés naturelles. Or, cette conception de la liberté est celle de Hobbes, pour lequel la liberté est précisément l'absence d'obstacles extérieurs à l'action. Ainsi : « UN HOMME LIBRE est celui qui, s'agissant des choses que sa force et son

---

1. I. Berlin, « Deux conceptions de la liberté », in *Éloge de la liberté*, Paris, Calmann-Lévy, 1988, p. 167-218.
2. *Ibid.*, p. 171.
3. *Ibid.*, p. 172.

intelligence lui permettent d'accomplir, n'est pas empêché de faire celles qu'il a la volonté de faire »[1]. Je reviendrai bien sûr sur cette définition.

Berlin fait référence à Hobbes dans son analyse du concept négatif de la liberté, sans pourtant marquer particulièrement le rôle de Hobbes dans l'invention de ce concept. En revanche, il souligne fortement le fait que la liberté négative est un point nodal des théories politiques libérales. Ainsi Locke et Mill, en Angleterre, Constant et Tocqueville, en France, partageaient cette conception. Ils considéraient tous, avec également Jefferson, Burke, Paine et d'autres, qu'une part de l'existence devait échapper au contrôle social. C'est cette conception de la liberté qui permettra aux libéraux de cantonner l'Etat au rôle de « veilleur de nuit » ou « d'agent de la circulation », comme le disait Lasalle.

Par opposition au concept négatif, il y a un concept positif de la liberté qui fait de l'Etat le meilleur support ou vecteur de la liberté, parce que les lois politiques issues de la volonté générale servent nécessairement le bien général. On trouve par exemple chez Rousseau et Kant un tel concept positif. La liberté est ici définie en terme d'autonomie. Or, qu'est-ce que l'autonomie sinon la soumission à la loi qu'on s'est donnée à soi-même, qu'il s'agisse d'une loi morale ou d'une loi politique ? Le camp des partisans de la liberté positive compte également Montesquieu et, paradoxalement, Locke[2] à nouveau. Ce dernier se trouve donc dans les deux camps.

De cette distinction des deux formes de liberté, les « républicanistes » anglo-américains comme Quentin Skinner[3] ou Philip Pettit[4], ainsi que chez leurs épigones français comme Jean-Fabien Spitz[5], vont faire une opposition doctrinale radicale entre le courant libéral, d'un côté, et le courant dit « républicaniste », de l'autre. Alors que Berlin montrait, avec toute la subtilité qui le caractérisait l'appartenance de certains penseurs aux deux courants, les idéologues républicanistes instaurent une différence tranchée. La conception hobbesienne de la liberté comme absence d'obstacles extérieurs apparaît alors comme la véritable origine de la

1. *Lev*, 21, p. 222.

2. Pour Locke, dit Berlin, « là où il n'y a pas de loi, il n'y a pas de liberté » (« Deux conceptions… », art. cit., p. 195).

3. Q. Skinner, *La liberté avant le libéralisme*, Paris, Seuil, 2000, ainsi que *Hobbes et la conception républicaine de la liberté*, Paris, Albin Michel, 2009. Chez ce commentateur, l'opposition à la conception hobbesienne de la liberté est même devenue pour ainsi dire obsessionnelle.

4. Ph. Pettit, *Républicanisme*, Paris, Gallimard, 2005.

5. J.-F. Spitz, *Le moment républicain en France*, Paris, Gallimard, 2005. Le titre même de ce livre est évidemment calqué sur celui de J.G.A. Pocock, *Le Moment machiavélien*, Paris, P.U.F., 1997.

pensée libérale opposée à la vision républicaniste[1]. Donc attaquer la conception hobbesienne de la liberté va acquérir une importance tout à fait décisive, puisque ce sera s'attaquer au fondement même de la politique libérale. Ce qui est cependant gênant, c'est que Hobbes n'est pas un partisan de l'Etat minimal du libéralisme, c'est le moins que l'on puisse dire. Mais cela n'a aucune importance pour nos idéologues. Pour eux la conception de l'Etat autoritaire et dominateur chez Hobbes est parfaitement compatible avec la conception de la liberté des citoyens comme non-ingérence et donc révèle la vérité du libéralisme qui est un autoritarisme masqué[2].

Le plus grand paradoxe dans cette affaire est que nos idéologues républicanistes retrouvent, sans s'en rendre compte sans doute, la critique que Carl Schmitt faisait, dans son ouvrage *Le Léviathan dans la théorie de l'État de Thomas Hobbes*[3] de 1938, donc pendant sa période nazie, de la conception hobbesienne de la liberté individuelle et du droit de résistance. Cette conception était pour Schmitt, la voie qui allait ruiner la souveraineté de l'Etat que Hobbes avait pourtant lui-même construite. Hobbes a ainsi, selon Schmitt, posé les germes du libéralisme qui va mettre à bas l'idée de l'Etat et même le concept de politique. Il n'y a pas pour Schmitt de libéralisme politique, il n'y a que du libéralisme économique. Le libéralisme est pour lui anti-politique. On voit donc cette étrange convergence entre deux courants, pourtant en principe antinomiques, dans l'attaque de la conception hobbesienne de la liberté : les partisans du républicanisme et ceux de la dictature.

Or, ce débat contemporain autour des enjeux politiques de la liberté chez Hobbes n'était pas du tout celui qui prévalait au XVIIe siècle. A l'époque la controverse était essentiellement théologique et morale. Ceux qui considèrent Hobbes comme un auteur anti-républicaniste, et qui voient cette tendance s'exprimer pleinement dans son concept de liberté, opèrent une reconstruction artificielle de sa pensée. Il suffit pour s'en rendre

1. Je n'emploie pas ici le mot « républicain » qui est l'expression adéquate en langue française, pour ne pas confondre le courant idéologique dit « républicaniste » anglo-américain, et par imitation français, avec le courant républicain en général.

2. Nos idéologues républicanistes ne conçoivent la domination que comme une domination personnelle, celle d'un tyran cruel ou doux, mais ne voient pas l'aspect le plus puissant et insensible de la domination comme domination impersonnelle, due au fonctionnement d'un système social, économique, financier ou encore communicationnel. « *Cf.* Y. C. Zarka, *Critique des nouvelles servitudes*, Paris, P.U.F., 2007 ». Se croyant particulièrement progressistes, ils développent une conception archaïque de la domination.

3. C. Schmitt, *Le Léviathan dans la théorie de l'État de Thomas Hobbes*, Paris, Seuil, 2002.

compte de revenir aux polémiques qui ont marqué les étapes de la
controverse de Hobbes avec l'évêque Bramhall[1] : elles touchent essentiellement la négation hobbesienne du libre arbitre et l'identification de la
liberté à la nécessité. Une telle identification revient selon l'évêque à
détruire toute responsabilité des actes, donc tout sens aux châtiments et aux
récompenses. Par certains aspects, cette opposition entre doctrine du
libre arbitre et nécessitarisme se retrouve entre Descartes et Hobbes[2]. Il
importe également de noter que l'opposition radicale des néoplatoniciens
de Cambridge à Hobbes sera centrée sur des questions théologico-
métaphysiques. Pour Ralph Cudworth[3], par exemple, le nécessitarisme de
Hobbes est l'autre versant de son matérialisme et il est la ruine de toute
morale et de toute religion. Au nécessitarisme matérialiste, Cudworth
oppose une doctrine de l'autodétermination du sujet et une conception
spiritualiste de la nature. Selon lui la matière est en elle-même inerte. Un
univers entièrement matériel serait dans un éternel repos. La force et le
mouvement ne peuvent résulter que d'un être spirituel[4]. Très proche
souvent de Cudworth sur le fondement spirituel de la force, Leibniz fait
surtout porter sa critique sur l'effacement de la contingence par le
nécessitarisme absolu[5]. Enfin je ne saurais clore ce court développement
sur la problématique de la liberté et de la nécessité au XVIIᵉ siècle sans
évoquer Spinoza qui, contrairement à tous les auteurs que nous venons de
citer, a repris l'identification hobbesienne entre liberté et nécessité et ses
corrélats : la récusation de la contingence et de la finalité[6].

Pour prendre la pleine mesure de la conception hobbesienne de la
liberté, il faut en considérer les différents moments de la physique à la
politique. Il ne s'agit pas de chercher à établir une vaine cohérence
complète de l'œuvre, mais de tâcher de saisir le noyau central de cette
conception que l'on risque de manquer en s'en tenant à un aspect seulement

1. Hobbes, *De la liberté et de la nécessité*, Œuvres complètes de Hobbes, tome XI-1,
Paris, Vrin, 1993 et *Questions concernant la liberté, la nécessité et le hasard*, Œuvres
complètes de Hobbes, tome XI-2, Paris, Vrin, 1993.
2. *Cf.* ci-dessous l'article de Pierre Guenancia, « La question du libre arbitre : Descartes
ou Hobbes ».
3. R. Cudworth, *The True Intellectual System of the Universe*, qui ne fut publié,
longtemps après sa rédaction en 1678, en 1820 à Londres.
4. *Cf.* ci-dessous mon article sur « Penser l'action libre : Cudworth contre Hobbes ».
5. *Cf.* ci-dessous l'article de J.-M. Monnoyer « Penser la contingence : Leibniz contre
Hobbes ».
6. *Cf.* ci-dessous l'article de F. Mignini, « Liberté et nécessité : Hobbes avec Spinoza ».

de la question. Or, le noyau central se trouve dans le rapport entre liberté et puissance.

PUISSANCE ET EFFICIENCE

La notion de puissance *(potentia)* se retrouve à tous les niveaux de l'œuvre dans la physique, l'éthique, la politique, sans oublier la théologie, mais elle est d'abord élaborée dans la philosophie première donc sur le plan des catégories métaphysiques[1].

La catégorie de puissance est pour l'essentiel élaborée dans le chapitre 10 du *De Corpore*[2] qui concerne également la catégorie d'acte. Or ce que souligne immédiatement Hobbes, c'est que la puissance doit être pensée intégralement sur le modèle de la causalité. La puissance est identique à la cause, comme l'acte à l'effet. La différence tient simplement à la distinction de deux modes de considération de la même chose : on parle de cause lorsque l'effet est déjà produit, et de puissance lorsque l'effet ne l'est pas encore. Il importe donc de revenir à la théorie de la causalité développée au chapitre 9 du *De Corpore*[3]. Celle-ci est une remise en question radicale de la causalité aristotélicienne selon deux moments. Le premier, consiste à ramener les quatre causes d'Aristote, la cause formelle, la cause finale, la cause efficiente et la cause matérielle, à deux d'entre elles : la cause efficiente et la cause matérielle. Les deux autres causes sont en effet réduites à la cause efficiente, elles ne sont que des accidents qui composent l'efficience d'un agent. Le second concerne la redéfinition de la cause matérielle. Celle-ci n'a plus du tout le sens qu'Aristote lui donnait : elle n'est plus une virtualité en attente de forme. Elle consiste dans les accidents du patient dans lequel l'effet est produit, alors que la cause efficiente est composée des accidents qui, dans l'agent, produisent l'effet. Autrement dit, la cause matérielle est elle-même une partie de la cause efficiente totale ou pleine, c'est-à-dire celle qui est composée des accidents de l'agent et du patient qui ensemble concourent à la production de l'effet.

En concordance avec la causalité, la puissance active consiste dans les accidents de l'agent avant que l'effet ne soit produit et la puissance passive dans les accidents du patient dans lequel l'effet est produit. Lorsque la

1. Pour une analyse complète, *cf.* Y. Ch. Zarka, *La décision métaphysique de Hobbes*, Paris, Vrin, 1987, 1999.

2. Hobbes, *De Corpore*, édition critique par K. Schuhmann, Paris, Vrin, 1999, 10, p. 100-103.

3. *Ibid.*, 9, p. 95-99.

puissance active de l'agent et la puissance passive du patient se rencontrent alors la puissance est pleine, identique à la cause pleine. Lorsque l'on considère isolément un accident de l'agent ou du patient qui entre dans la production de l'effet, on appelle cet accident, *causa sine qua non*. Je rappelle bien entendu que les accidents ne consistent qu'en mouvements divers du corps agent ou du corps patient. C'est pourquoi la physique de Hobbes sera une théorie de la composition des mouvements sur le mode d'une pré-dynamique du *conatus* et de l'*impetus*, plutôt qu'une simple mécanique.

On voit combien nous sommes loin de la théorie aristotélicienne de la puissance et de l'acte, la différence entre une virtualité et une actualité. La puissance est déjà acte et ne diffère en rien de lui, sur le plan ontologique. Elle est un acte qui produit des actes et ces actes ne sont que des mouvements dans un espace homogène.

Il y a trois conséquences majeures de cette théorie de la puissance.

1) La puissance n'est plus le possible ou, plus exactement, il n'y a plus de différence entre le possible et le nécessaire. Si un événement est possible, il doit nécessairement advenir, car s'il n'advenait pas, c'est qu'il n'était pas possible, donc impossible. Lorsqu'une puissance est pleine elle produit nécessairement son effet. Il en résulte une doctrine de la nécessité absolue : entre le nécessaire et l'impossible, il n'y a plus de moyen terme. Une chose ou un événement est soit nécessaire soit impossible. Cette doctrine, Hobbes l'a élaborée très tôt (au début des années 1630) et la maintiendra tout au long de son œuvre, jusque dans la théologie. Les événements résultent nécessairement de la volonté de Dieu. Il n'y a pas de mondes possibles dans l'entendement divin entre lesquels Dieu choisirait. Cette thèse, Hobbes la soutiendra sans concession contre Thomas White et l'évêque John Bramhall.

2) La contingence est elle-même ramenée aux accidents qui, dans l'agent ou dans le patient, n'entrent pas dans la production de l'effet.

3) Enfin, la cause formelle et la cause finale sont réduites à la cause efficiente. La puissance n'est ainsi plus actualisée par une forme, de même qu'elle n'est plus finalisée par une fin. La puissance n'est plus subordonnée ontologiquement à des concepts qui la détermineraient ou la finaliseraient. Ce qui veut dire que désormais la conception hobbesienne de la puissance est une théorie de l'efficience. Si l'on pose la question : qu'est-ce que la puissance au plan de la physique ? La réponse sera : la capacité de produire des effets. Mais cette définition n'est pas seulement physique, elle est métaphysique. Elle met en place un concept de puissance que l'on va retrouver à tous les niveaux : éthique, politique et théologique. En effet, si tout ce qui se

passe dans le monde physique des corps est explicable par l'efficience, c'est-à-dire par une succession d'effets homogènes qui se déploient sur le même registre, il va en être de même sur le plan de l'éthique, tout d'abord, puis sur le plan politique. Mais d'un registre à l'autre il faudra franchir chaque fois un seuil. L'efficience s'exerce selon des modalités différentes selon le niveau concerné.

Sur le plan éthique, Hobbes donne cette définition de la puissance dans les *Elements of Law* « Conception of the future is but a supposition of the same, proceeding from remembrance of what is past; and we so far conceive that anything will be hereafter, as we know there is something at the present that hath *power* to produce it »[1]. Ainsi, comme dans le *De Corpore*, la puissance est liée à l'idée d'un événement futur, dont nous avons eu l'expérience dans le passé, et ne consiste que dans la capacité de produire des effets futurs. Toute la question est de savoir comment cette définition est appliquée à l'homme. On trouve cette application dans le paragraphe suivant des *Elements of Law*[2]. Hobbes distingue la puissance naturelle (natural power) de la puissance instrumentale (instrumental power). Ces dénominations ne sont données qu'au chapitre 10 du *Léviathan*, mais la distinction existe déjà dans les *Elements of Law*. Les puissances naturelles de l'homme sont ses facultés du corps ou de l'esprit, tandis que les puissances instrumentales sont celles qui peuvent être acquises grâce aux premières, comme la richesse, la réputation, les amis et la chance. Les défauts de ces puissances sont des infirmités. La puissance d'un homme est aussi sa capacité à produire des effets. Elle sera d'autant plus grande que ces effets le seront. Il y a donc application à l'éthique du concept efficient de la puissance, avec un passage de seuil cependant : la puissance d'un homme ne peut être évaluée isolément, elle doit toujours être comparée à celle d'un autre homme, de sorte que la puissance n'est désormais que *l'excès* de puissance. La puissance d'un homme ne se mesure pas absolument mais relationnellement dans le rapport à la puissance de l'autre homme : « And because *the power* of one man resisteth and hindereth the effects of the power of another : power simply is no more, but *the excess* of the power of one above that of another. For equal powers

---

1. *EL*, I, 8, 3, p. 33-34/80. Le texte anglais est donné dans l'édition Tönnies des *Elements of Law*, Frank Cass Publishers, London, 1969 (la pagination anglaise est donnée avant la barre oblique et la pagination française après) : « Une conception de l'avenir n'est qu'une supposition de ce dernier, résultant du souvenir de ce qui est passé, et nous concevons que quelque chose se produira plus tard, dans la mesure où nous savons qu'il y a quelque chose dans le présent qui a *la puissance* de le produire », souligné par moi.

2. Cf. *EL*, I, 8, 4, p. 34/80.

opposed destroy one another, and such their opposition is called contention »[1]. Ce passage sur le caractère relationnel de la puissance d'un homme comme excès sur la puissance d'un autre, ne se trouve pas dans le *Léviathan* et pourtant il est nécessaire pour comprendre la raison pour laquelle le chapitre 10 de cette œuvre définit d'emblée la puissance d'un homme en termes d'éminence ou de prééminence[2]. L'introduction de la notion de pééminence ou d'excès dans la définition de la puissance d'un homme tient à ce que Hobbes définit celle-ci dans le contexte où les hommes se comparent les uns aux autres. Il n'est pas encore question de conflit, il s'agit d'une comparaison que chacun fait pour soi-même, laquelle, il est vrai, va rapidement sombrer dans la rivalité.

Il convient de faire trois remarques à propos du concept éthique de la puissance : 1) Il est parallèle à la définition de la puissance du corps[3]. La puissance d'un homme comme celle d'un corps est la capacité de produire des effets. Le même concept d'efficience se retrouve dans l'éthique. 2) Il faut cependant ajouter immédiatement qu'un seuil est franchi, et par conséquent une différence majeure apparaît. Pour l'homme la capacité de produire des effets se trouve déterminée comme capacité d'obtenir des biens apparents futurs : « The power of a man [...] is his present means, to obtain some future apparent good »[4]. La capacité de produire des effets futurs implique, d'une part, la représentation de biens et, d'autre part, de biens qui apparaissent comme tels non pour le présent mais pour le futur. Il s'agit là de deux déterminations dont les corps physiques sont incapables : concevoir une chose comme un bien et, qui plus est, un bien non pour le

---

1. Souligné par moi, *EL*, I, 8, 4, p. 34/80 : « Et parce que la puissance d'un homme résiste aux effets de la puissance d'un autre et entrave ces derniers, la puissance absolument parlant n'est rien de plus que *l'excès* de la puissance d'un homme sur celle d'un autre. Car des puissances égales opposées se détruisent l'une l'autre, et une telle opposition est appelée lutte ».

2. *Lev*, 10, p. 150/81 : « La puissance d'un homme est constituée par la prééminence des facultés du corps ou de l'esprit, telle la force, la beauté, la prudence, les arts, l'éloquence, la libéralité, la noblesse portés à un degré exceptionnel [*Naturall power* is the eminence of the faculties of body or mind : as an extraordinary strength, forme, prudence, arts, eloquence, liberality, nobility] ». Le texte anglais du *Leviathan* est donné dans l'édition Macpherson, Peguin Classics, Harmondsworth, 1968 (la pagination anglaise est donnée avant la barre oblique et la pagination française après).

3. Cf. *Lev*, 10, p. 150/81 : « Car de sa nature, le pouvoir est semblable à la renommée : il s'accroît à mesure qu'il avance ; ou encore au mouvement des corps pesants qui montrent de plus en plus d'impétuosité à mesure qu'il font plus de chemin [For the nature of power, is in this point, like to fame, increasing as it proceeds ; or like the motion of heavy bodies, which the further they go, make still the more hast] ».

4. *Ibid.*, « La puissance d'un homme [...] consiste dans ses moyens présents d'obtenir quelque bien apparent futur ».

présent mais pour le futur. 3) la puissance humaine étant relationnelle, on comprend que la plus grande des puissances dont un homme puisse disposer est celle qu'il peut acquérir sur autrui : « the greatest of human powers, is that which is compounded of the powers of most men »[1]. La plus grande puissance est la puissance sur autrui parce qu'elle multiplie la puissance naturelle dont un homme est naturellement doté et lui permet de produire des effets bien plus considérables que ceux qu'il pourrait produire seul. Nous atteignons ici les déterminations spécifiques de la puissance humaine : elle est relationnelle et son accroissement suppose qu'elle s'exerce sur autrui.

Si le concept de puissance demeure comme en physique pensé en termes d'efficience, celle-ci dans les relations interhumaines va fonctionner de manière totalement différente. Elle ne peut s'entendre en termes de chocs des corps, mais en termes de sémiologie du pouvoir[2]. La dynamique de la puissance humaine engage un échange des signes, par lesquels les hommes se signifient les uns aux autres le prix auquel ils s'évaluent mutuellement : signe d'honneur, d'honorablité, etc. : « and according to the signs of honour and dishonour, so we estimate and make the value or WORTH of a man »[3]. C'est dans une dynamique sémiologique qu'il convient de comprendre la raison pour laquelle, dans l'état de nature, les relations interhumaines sombrent dans la guerre.

Encore un mot sur le concept éthique de la puissance. Ici l'autonomisation de la puissance efficiente par rapport à toute fin extérieure se traduit par une position centrale de l'éthique de Hobbes : il n'y a pas de fin ultime *(finis ultimus)* ni de bien souverain *(summum bonum)*. Le désir humain et en particulier le désir de puissance pourra aller à l'infini si rien ne l'arrête de l'extérieur. La puissance n'est plus subordonnée à une fin ou un bien vers lequel elle tendrait et où elle s'actualiserait ou s'accomplirait.

Lorsqu'on franchit le seuil de l'éthique à la politique, on passe de la puissance *(potentia)* d'un homme au pouvoir *(potestas)* politique. La question qui se pose ici est de savoir si le concept de la puissance comme efficience est toujours valable. Le pouvoir politique est différent de la puissance d'un homme, parce qu'il n'est pas seulement capacité à produire

---

1. *Ibid.*, « La plus grande des puissances humaines et celle qui est composée des puissances du plus grand nombre possible d'hommes ».

2. *Cf.* Y. Ch. Zarka, *Hobbes et la pensée politique moderne*, Paris, P.U.F., 1995, 2000 et 2012.

3. *EL*, I, 8, 5, p. 35/81 : « Et en fonction des signes d'honneur et de déshonneur, nous estimons et apprécions la valeur ou l'importance d'un homme ».

des effets mais aussi droit de les produire. Mais précisément, la conjugaison de la puissance et du droit dans la catégorie de souveraineté, considérée comme le plus grand pouvoir dont un homme peut disposer, ne contredit-elle pas la définition de la puissance par l'efficience ? Non, car le pouvoir politique consiste lui-même en une capacité de produire des effets, en l'occurrence : maintenir l'unité du corps politique. Ce n'est que dans la mesure où il est capable de produire cet effet que le pouvoir se maintiendra. S'il ne le peut plus, il sera détruit et les individus retomberont dans l'état de nature. Pour confirmer cette définition du pouvoir politique en termes d'efficience, il est possible d'avancer trois arguments :

1) Chez Hobbes la question politique n'est subordonnée ni à une finalité morale, ni à une norme comme celle que pourrait constituer l'idée du meilleur gouvernement. Ce qui définit la nature du pouvoir, c'est uniquement sa capacité à maintenir l'unité politique. Les différences que Hobbes établit entre les différents régimes sont entièrement subordonnées à leur capacité à maintenir l'existence de l'Etat. C'est parce que la monarchie est plus efficace que l'aristocratie ou la démocratie à cet égard, que ce régime est considéré comme meilleur que les autres. C'est donc bien l'efficience du pouvoir qui devient ici le principe à partir duquel les valeurs sont mesurées.

2) Est-ce que la paix n'est cependant pas une fin extérieure au pouvoir et à laquelle son efficience serait subordonnée ? Certes le pouvoir a la paix pour finalité, mais c'est uniquement son efficience qui peut la produire. A ce titre elle entre comme composante dans l'efficience du pouvoir. Il se passe en politique ce qui se passait en physique et en éthique, à la différence de plan près, ce qui est évidemment considérable. Maintenir l'unité politique, telle est l'efficience du pouvoir et sa finalité (la paix) y est incluse.

3) L'efficience du pouvoir, qui n'est subordonnée qu'à son propre maintien ou à sa propre reproduction, devient l'instance de production des différenciations entre le bien et le mal, le juste et l'injuste, le permis et l'interdit. Les valeurs et les finalités sont produites par le pouvoir.

Au niveau politique, le régime de fonctionnement de l'efficience sera essentiellement juridique dont les deux moments clés sont la théorie des lois civiles et la théorie des châtiments et des récompenses. Mais le droit n'a d'autre objet que de permettre au pouvoir de produire ses effets : maintenir l'unité politique, condition de la vie paisible des citoyens.

On voit donc comment le même concept de puissance/pouvoir, conçu en termes d'efficience, traverse tous les plans de la pensée de Hobbes. Le règne de l'efficience, nous l'avons vu, c'est aussi celui de la nécessité qui exclut le libre arbitre et la contingence. Il s'agit de savoir quel espace va pouvoir être réservé à la liberté.

PUISSANCE ET LIBERTÉ

On pourrait croire que, en vertu du concept efficient de la puissance et du nécessitarisme qui en résulte, Hobbes fût conduit à une identification de la puissance et de la liberté de telle sorte que sa conception de la liberté de l'action fût calquée sur la nécessité de la puissance d'agir. Tel sera le cas chez Spinoza. Telle n'est pas la voie de Hobbes. Il a en effet toujours distingué puissance et liberté. Est-ce parce que la liberté introduirait une dimension aléatoire dans le système de la nécessité ? Pas du tout. La liberté est distincte de la puissance, mais entièrement conçue en termes de nécessité. On peut faire à cet égard deux remarques :

1) La liberté est, dans l'ensemble des œuvres politiques, liée au concept de droit *(jus)* ou plus précisément de droit naturel *(jus naturale)*. Or, le geste majeur que Hobbes accomplit dans le domaine du droit naturel consiste à réduire la notion de *jus* à une unique catégorie : *libertas*. Avoir le droit, ce n'est rien d'autre qu'avoir la liberté d'accomplir ou de ne pas accomplir une action : « LE DROIT DE NATURE que les auteurs appellent généralement *jus naturale*, est la liberté qu'a chacun d'user comme il le veut de sa puissance propre pour la préservation de sa propre nature »[1]. Alors que Grotius incluait dans le droit deux catégories celle de *potestas*, pouvoir, et celle de *dominium*, propriété, et pensait la liberté en termes de pouvoir sur soi-même, Hobbes réduit le droit à la liberté qu'il ne pense pas en termes de pouvoir sur soi-même. En voici la définition « on entend par *liberté*, selon la signification propre du mot, l'absence d'obstacles extérieurs, lesquels peuvent souvent enlever à un homme une part de la puissance qu'il a de faire ce qu'il voudrait, mais ne peut l'empêcher d'user de la puissance qui lui est laissée, conformément à ce que lui dicteront son jugement et sa raison »[2].

---

1. *Lev*, 14, p. 189/128 : « THE RIGHT OF NATURE, which writers commonly call *jus naturale*, is the liberty each man hath, to use his own power, as he will himself, for the preservation of this own nature ».

2. *Ibid.*, « By LIBERTY, is understood, according to the proper signification of the word, the absence of externall impediments : which impediments, may oft take away part of a man's power to do what he would ; but cannot hinder his from using the power left him, according as his judgement, and reason shall dictate to him ».

Cette définition négative de la liberté ne se trouve que dans le *Léviathan*, alors que les *Elements of Law* disaient seulement « les hommes [l'] appellent *droit*, ou *jus*, la liberté irrépréhensible d'user de notre puissance et de nos talents naturels. C'est par conséquent *un droit de nature* que chaque homme puisse préserver sa vie et ses membres autant qu'il le peut »[1]. Et tandis que le *De Cive* distingue les obstacles intérieurs des obstacles extérieurs, le *Léviathan* ne reconnaît que les obstacles extérieurs. Par conséquent la liberté n'est pas la puissance mais l'absence d'obstacles extérieurs à l'usage ou à l'exercice de la puissance. Elle s'oppose donc à la loi *(lex)* qui est précisément un obstacle extérieur, dans la mesure où elle oblige ou interdit : *in foro interno*, pour les lois morales (lois naturelles), et *in foro externo*, pour les lois civiles. Si la loi morale oblige ou interdit dans le for interne, cela ne veut pas dire qu'elle est un obstacle intérieur, dans la mesure où elle ne nous oblige ou ne nous interdit de faire qu'extérieurement comme loi de Dieu[2]. Conçues comme des déductions de la raison, les lois morales ne sont que des théorèmes sans force obligatoire. En revanche, s'il existe un obstacle intérieur à l'action, il relève de la constitution de l'agent. Il ne s'agira pas dans ce cas d'un défaut de liberté, mais d'un défaut de puissance : « c'est le cas lorsqu'une pierre gît immobile ou qu'un homme est cloué au lit par maladie »[3].

2) Si la liberté se distingue de la puissance, elle ne s'émancipe nullement de la nécessité, au contraire : « La liberté et la nécessité sont compatibles. Elles le sont dans le cas de l'eau qui n'éprouve pas seulement *la liberté* mais aussi *la nécessité* de couler avec la pente le long du lit du fleuve ; elles le sont de même dans le cas des actions que les hommes accomplissent volontairement : celles-ci procédant de leur volonté, procèdent de la liberté ; et néanmoins, étant donné que tout acte d'une volonté humaine, tout désir et toute inclination procèdent de quelque cause, et celle-ci d'une autre, selon une chaîne continue (dont le premier maillon est dans les mains de Dieu, la première de toutes les causes), ces actions procèdent aussi de la nécessité »[4]. Ce passage souligne les deux aspects de la théorie de la liberté. Tout d'abord, l'extension du système de la nécessité à la volonté humaine. Ensuite, le fondement théologique de l'identification de la liberté et de la nécessité dans l'idée de la toute-puissance de Dieu.

---

1. *EL*, I, 14, 6, p. 71/115 : « men call *right*, or *jus*, or blameless liberty of using our own natural power and ability. It is therefore *a right of nature* : that every man may preserve his own life and limbs with all the power he hath ».
2. Cf. *Lev*, 15, p. 160.
3. *Ibid.*, 21, p. 221.
4. *Ibid.*, 21, p. 223.

Comment le système de la nécessité peut-il passer de la physique à l'éthique ? Par deux opérations. La première consiste dans la remise en cause de l'idée selon laquelle la volonté, et donc la liberté, serait une faculté : « UN HOMME LIBRE *est celui qui, s'agissant des choses que sa force et son intelligence lui permettent d'accomplir, n'est pas empêché de faire ce qu'il a la volonté de faire* »[1]. Ainsi, les expressions « libre » ou « liberté » sont appliquées de manière indue lorsqu'elles désignent autre chose que le corps. Parler de « libre volonté », c'est commettre un abus de langage. La liberté n'est pas celle de la volonté mais celle de l'homme. La volonté n'a aucune autonomie par rapport aux affects : elle est le dernier des affects, ou des passions, qui se succèdent dans la délibération. Il n'y a pas d'écart entre l'idée et l'affect, ni entre l'affect et la volonté. La seconde opération, consiste à faire de la délibération le vecteur éthique par lequel la nécessité s'exerce dans les actions humaines. Ce point se trouve déjà dans les *Elements of Law* et constitue l'un des arguments centraux de la polémique avec Bramhall. A celui-ci qui lui reproche d'ôter, par sa doctrine de la nécessité de la volonté, tout caractère moral aux actions humaines, ainsi qu'aux récompenses et aux châtiments, Hobbes répond en tentant de rétablir la dimension morale des actes humains à travers une analyse causale de la délibération ou de la consultation. La délibération n'est en effet rien d'autre que l'alternance d'appétits et de craintes pendant que nous avons la puissance d'agir ou de ne pas agir. Or ce processus est causal et donc nécessaire, il détermine entièrement le dernier appétit en quoi consistera l'acte volontaire. La fin de l'alternance des affects consiste ainsi dans l'action ou l'abstention de l'action. C'est à travers la délibération mentale que l'ordre de la nécessité s'inscrit dans les actions humaines. Une action nécessaire peut être en même temps libre si elle ne rencontre pas d'obstacles extérieurs à son accomplissement.

Il faut en outre souligner que l'argument théologique constitue la clé de voûte du règne de la nécessité chez Hobbes. La liberté humaine ne doit pas être un obstacle à la toute-puissance de Dieu, or si l'on admettait un libre arbitre en l'homme, la toute-puissance et la prescience divine perdraient toute consistance. Ce fut là un des points de désaccord radical avec Descartes dans ses Troisièmes objections aux *Méditions métaphysiques*. Contre Descartes pour lequel il faut penser ensemble la toute-puissance de Dieu, qui détermine toutes les actions et toutes les pensées humaines, et la liberté de la volonté humaine qui est aussi infinie que celle de Dieu. Pour Hobbes une telle conciliation, que Descartes recouvrait par l'argument

---

1. *Ibid.* 21, p. 222.

de l'incompréhensibilité divine, est absurde. Il faut aller jusqu'au bout de la théologie de la toute-puissance et affirmer la nécessité des actions humaines. En un sens Hobbes est plus logique, mais en un autre sens, il tâche lui-même d'esquiver vainement la contradiction qui consiste à dire que toutes nos actions procèdent de Dieu, mais que celui-ci n'est pas responsable de certaines d'entre elles.

Qu'en résulte-t-il au plan politique ? Pour le comprendre, il faut aborder la notion de liberté des sujets du chapitre 21 du *Léviathan*. La liberté des sujets doit être pensée en fonction du silence des lois : là où la loi civile n'a pas exprimé d'obligation ou d'interdiction, c'est-à-dire d'obstacle extérieur à l'action, il y a liberté civile des sujets ou citoyens de l'Etat. La liberté négative comme non ingérence se retrouve donc ici. Mais le domaine de non-ingérence est à la discrétion du souverain. C'est ainsi que le pouvoir de vie et de mort du souverain n'est pas limité par une telle liberté : « la liberté des sujets ne réside par conséquent que dans les choses qu'en réglementant leurs actions le souverain a passées sous silence, par exemple la liberté d'acheter, de vendre de conclure des contrats les uns avec les autres, de choisir leur résidence, leur genre de nourriture, leur métier, d'éduquer leurs enfants comme ils jugent convenable, et ainsi de suite »[1]. La liberté est donc ramenée à une liberté purement privée là où le souverain s'est tu. C'est ce que Hobbes nomme la liberté corporelle : le fait de ne pas être enchaîné ou emprisonné. Quant à la liberté politique, elle n'est pas celle des particuliers, elle est seulement celle de l'Etat : « La liberté qui est si souvent mentionnée et exaltée dans les ouvrages d'histoire et de philosophie des anciens Grecs et Romains, de même que dans les écrits et les propos de ceux qui tiennent toute leur culture des auteurs politiques, ce n'est pas la liberté des particuliers, mais celle de la République »[2].

C'est ici que le courant républicaniste contemporain repère la faille majeure de la pensée de Hobbes, ce par quoi il a tenté de renverser la conception républicaine de la liberté, qui est liberté du citoyen et pas seulement de l'homme privé. De sorte que la doctrine de la liberté négative peut conduire dans deux directions. La première est celle que prend Hobbes explicitement, c'est-à-dire justifier la domination politique aussi accablante ou restrictive soit-elle. Dire ainsi qu'un particulier a autant de liberté sous le despotisme à Constantinople que dans la République de Lucques qui a comme devise le mot *Libertas*, est le comble de la destitution de l'idée

---

1. *Lev*, 21, p. 224.
2. *Ibid.*, 21, p. 227.

de liberté. Le sujet hobbesien est un serviteur et nullement un citoyen libre. C'est donc le sens de la citoyenneté républicaine telle qu'elle s'est développée à la Renaissance que Hobbes tente de dissoudre pour mettre sous le beau nom de liberté ce qui n'est que la servitude sous la férule d'un maître : « De nos jours, le mot LIBERTAS est inscrit en grandes lettres sur les tourelles de la cité de *Lucques* : personne néanmoins ne saurait en inférer qu'un particulier y possède une plus grande liberté ou immunité, à l'égard de l'obligation de servir la République, que ce n'est le cas à Constantinople. Qu'une République soit monarchique ou populaire, la liberté y reste la même »[1]. Le but de Hobbes n'apparaît-il pas ici ? N'est-il pas de dire que la liberté des citoyens est la même quel que soit le régime ? La seconde sera empruntée plus tard par un autre courant, radicalement opposé, celui du libéralisme, qui verra dans la définition négative de la liberté, au sens de non-ingérence de l'Etat le moyen de laisser se déployer les activités privées des acteurs économiques dans le cadre d'un Etat restreint au statut de veilleur de nuit. Paradoxalement d'un côté comme de l'autre, du côté du pouvoir absolu et du côté de l'Etat minimal, il y aurait la même suppression de tout caractère politique à la liberté, mais pour des raisons évidemment opposées.

Peut-on cependant en rester là. Hobbes est-il véritablement le fossoyeur de la liberté politique ? Nous allons voir que sa pensée comporte des ressources autrement plus puissantes qui visiblement échappent à la sagacité des idéologues du républicanisme.

POUVOIR ET LIBERTÉ : « THE TRUE LIBERTY OF A SUBJECT »

Jusqu'ici, le bilan de la conception hobbesienne de la liberté sur le plan politique apparaît désastreux : remise en cause de toute liberté véritablement politique, réduction du citoyen au statut de sujet soumis, doté d'une liberté corporelle qui s'exprime par des actes privés que le souverain n'a pas interdits, mais qu'il pourrait parfaitement restreindre. Nous en avons vu la conséquence : il n'y a aucune différence en matière de liberté entre un régime despotique et une République.

Mais précisément Hobbes n'en reste pas là. Au milieu du chapitre 21 du *Léviathan*, il introduit une notion qui ne peut pas manquer d'intriguer, celle

---

1. *Ibid.*

de « la vraie liberté d'un sujet ; *the true liberty of a subject* »[1]. En quoi cette *true liberty* consiste-elle ? Pourquoi est-elle caractérisée comme « vraie » ? Est-ce à dire que la liberté qui résulte du silence des lois n'est pas véritable ou pas aussi véritable que celle-ci ? Il importe évidemment d'examiner le contenu qui est donné à cette notion pour tenter de rendre compte de la raison qui porte Hobbes à parler ici de vraie liberté.

Celle-ci est d'ailleurs définie d'emblée, elle consiste dans « les choses qu'un sujet peut sans injustice refuser de faire *(he may nevertheless, without injustice, refuse to do)*, même si le souverain lui ordonne de les faire »[2]. Cette définition ne peut manquer de surprendre : comment un sujet de l'Etat qui serait un serviteur à la merci du pouvoir politique, lequel pourrait à sa guise limiter le champ d'exercice de son action, fût-elle simplement privée, comment ce sujet, donc, dont la liberté négative ne peut s'exercer que là où la volonté du souverain ne s'est pas exprimée, peut-il refuser de faire sans injustice ce que le souverain lui ordonne ? Qu'est-ce que cette liberté de refuser qui s'oppose explicitement à l'obstacle extérieur qu'est la loi ? Est-elle encore une liberté négative, une liberté de serviteur à la merci de son maître politique ? On voit ici commencer à percer une dimension tout à fait nouvelle de la théorie de la liberté, laquelle nous fait déjà pressentir en quoi Hobbes échappe à la vision caricaturale qu'en donnent les idéologues républicanistes.

Pour comprendre l'extension de cette *true liberty*, il convient de revenir au pacte social pour cerner exactement les droits que nous avons transférés au souverain et ceux que nous n'avons jamais cédés. Le pacte comporte dans son énoncé même le principe de la répartition de notre liberté et de nos obligations : « C'est en effet dans l'acte où nous *faisons notre soumission* que résident à la fois nos *obligations* et notre *liberté* »[3]. Aucune obligation ne pourrait en effet excéder celles qui sont incluses dans le pacte. Il s'agit donc d'examiner l'énoncé explicite du pacte d'autorisation, mais aussi sa finalité et l'intention de celui qui le passe. Pour circonscrire la sphère de la vraie liberté, il faut déterminer les droits individuels qui non seulement n'ont pas été transférés, mais qui ne sauraient l'être en aucune façon, de sorte que même s'ils faisaient l'objet d'une convention de transfert, celle-ci serait nulle et non avenue. Nous avons donc des droits inaliénables, que Hobbes avait déjà déduits dans le chapitre 14 du *Léviathan*. Il les reprend ici précisément pour montrer la manière dont ils peuvent être exercés dans

1. *Ibid.*, 21, p. 229.
2. *Lev*, 21, p. 229.
3. *Ibid.*

l'institution politique. La convention sociale n'est pas un transfert de la totalité du droit naturel (à distinguer du droit sur toutes choses), c'est donc ce qui demeure du droit naturel dans l'Etat qu'il faut considérer[1].

Or ce droit naturel inaliénable devient dans l'Etat « liberté de désobéir, *liberty to disobey* »[2] lorsque le pouvoir politique entend directement ou indirectement attenter à l'intégrité de notre corps, à notre santé ou à notre vie ou à nos proches. Le droit naturel devient droit de résistance *(right of resistance)* au pouvoir. Nous sommes loin ici de la liberté négative comme non-ingérence. Au lieu d'être limitée par ces obstacles extérieurs que sont les lois ou les volontés du pouvoir, la liberté de résister et de désobéir s'oppose au contraire à elles. Mais cette liberté n'est-elle limitée qu'à nous-même ? Non. Si nous ne pouvons être tenus de nous accuser nous-mêmes, nous ne pouvons l'être non plus d'accuser un autre. Si nous ne pouvons en aucune façon être tenus de nous tuer nous-même, nous ne pouvons non plus être tenus de combattre autrui, même s'il s'agit d'un ennemi. Seul le soldat rémunéré à cet effet y est tenu. Le droit de résistance s'étend non seulement à notre corps et à notre vie, mais aussi à la vie de nos proches, ceux dont le malheur nous plongerait dans l'affliction. Autrement dit, l'autorisation donnée au souverain de représenter et de gouverner toutes nos actions d'où suit l'obligation de ne pas résister à ses commandements si injustes qu'ils puissent être, ne réduit pas le sujet à la pure passivité d'un serviteur soumis à un maître. Au contraire, le sujet conserve son droit inaliénable (droit naturel distinct du droit sur toutes choses) qui devient *right of resistance* ou *liberty to disobey*. Remarquons que c'est la même raison qui fonde l'obligation de non-résistance du sujet au pouvoir ou au glaive de l'Etat et le droit de résistance du même sujet contre le même glaive : la conservation individuelle de soi et de ce qui nous est nécessaire.

Par sa doctrine du droit de résistance, de désobéissance ou de refus, Hobbes invente une dimension nouvelle de la liberté que l'on ne saurait réduire à la liberté négative. Il s'agit d'une liberté de l'individu que celui-ci avait avant l'existence de l'Etat et qu'il conserve en lui. On dira certes que cette liberté est limitée puisqu'elle est celle d'un individu et ne saurait avoir le caractère d'une résistance politique collective. Mais sur ce point déjà on

---

1. *EL*, I, 17, 2, p. 88/132 : « De même qu'il était nécessaire qu'un homme ne conservât point son droit sur toutes choses, il était nécessaire qu'il conservât son droit sur certaines choses, son propre corps (par exemple), le droit de se défendre, qu'il ne pouvait transférer, le droit d'user du feu, de l'eau, de l'air libre, et d'un lieu pour vivre, et le droit sur toutes les choses nécessaires à la vie. La loi de nature ne commande pas non plus de se défaire d'aucun droit autre que celui-là seul que l'on ne peut conserver sans perdre la paix ».

2. *Ibid.*, p. 230.

se trompe, car Hobbes explique comment la résistance individuelle peut dans des cas précis devenir collective, par composition des résistances individuelles. Mais l'essentiel consiste dans le fait que Hobbes invente l'idée d'une liberté de l'individu que celui-ci ne tient pas de l'Etat et que l'Etat ne peut en aucune façon lui confisquer. Or, cette liberté, devenant dans l'Etat liberté de résister ou de désobéir, prend inévitablement un caractère politique. Elle fonde l'idée d'une légitimité des individus à résister au pouvoir. Cette idée aura après Hobbes un avenir considérable dans des courants tout à fait distincts du libéralisme.

Hobbes, loin de destituer la liberté politique, en invente une nouvelle : la liberté individuelle de résister au pouvoir. Celle-ci a un fondement dans le droit naturel, elle est donc liée à l'être même de l'homme. Il est donc impossible de la retirer ou même de la restreindre. On peut maintenant comprendre pourquoi Hobbes lui donne le nom de *true liberty*. C'est une vraie liberté parce qu'elle n'est pas fonction de l'Etat, elle lui préexiste et se maintient entière en lui indépendamment de lui et même contre lui, sous la forme de la liberté de résister, alors que la liberté par absence d'obstacles est entièrement fonction de ces obstacles et relative à eux, donc relative à l'État.

L'IRRÉVOCABILITÉ DES PROMESSES CHEZ HOBBES

CHARLES RAMOND

Je me suis récemment intéressé à la question et au statut des « promesses » dans la philosophie de Descartes[1], et j'ai pu constater à cette occasion que ce thème était sans cesse présent et agissant dans son œuvre, sa vie et sa correspondance, sous la forme de paradoxes et de déchirements multiples, à l'image de la dualité existentielle originelle du « refus des promesses » par lesquelles « on retranch<ait> quelque chose de sa liberté » et de la « résolution » inébranlable du voyageur perdu dans la forêt, inscrits tous deux, l'un juste après l'autre, dans les maximes morales de la troisième partie du *Discours de la Méthode*. Je me suis d'ailleurs convaincu, à l'occasion de ce travail, du grand intérêt philosophique et heuristique d'une lecture des philosophies de l'âge classique sous l'angle des promesses, tellement présentes dans les études contemporaines sur le langage ordinaire. Le présent texte se situe donc dans le prolongement de mon travail sur Descartes et d'analyses de Spinoza allant dans le même sens[2].

Autant, donc, comme j'ai essayé de le montrer, Descartes est sans cesse déchiré quant à la question des promesses (en faire? ne pas en faire? les tenir? ne pas les tenir?) autant je voudrais aujourd'hui essayer de souligner la cohérence et la systématicité de la position de Hobbes en ce qui concerne

---

1. Ch. Ramond, *Descartes. Promesses et paradoxes*, Paris, Vrin, 2011.
2. Voir Ch. Ramond, « Ces mots qui nous engagent, ces mots qui nous dégagent – Promesses et excuses d'une vie humaine (Spinoza-Austin) », *in* Ch. Ramond (dir.), *« Une vie humaine... » – Récits biographiques et anthropologie philosophique*, Bordeaux, Presses Universitaires de Bordeaux, 2009, p. 145-164. Et également « Pourquoi Descartes se défiait-il des promesses? », in *Descartes e Espinosa, Analytica – Revista de Filosofia* (Rio de Janeiro, UFRJ, http://www.analytica.inf.br/), vol. 13 n° 2, 2009, p. 29-63.

cette question des « promesses », terme que j'entendrai aujourd'hui de façon très générale, en ce qu'il touche aux notions de « consentement », de « pacte », et de « convention ».

On pensera tout naturel, sans doute, qu'un auteur qui met le pacte au cœur de son système ait une position cohérente à son sujet, et l'on ne sera guère disposé, peut-être, à voir là une annonce bouleversante. Chez Hobbes pourtant, envisagée à la lumière des promesses, la théorie du pacte comporte un certain nombre de traits inattendus dans leur systématicité même. Il m'est ainsi apparu de façon de plus en plus frappante qu'on ne trouve pas, chez Hobbes, de « liberté de se rétracter », qui serait l'envers, le pendant naturel et attendu, de la « liberté de promettre » ou « de contracter » qui fait le noyau de sa philosophie politique –Hobbes semblant ainsi plonger comme Descartes, quoique pour de toutes autres raisons, dans une certaine infélicité conceptuelle lorsqu'il traite des « promesses », pourtant les choses du monde les plus communes. C'est donc à la mise en évidence de cette dissymétrie assez étonnante, et à la tentative de son élucidation que j'aimerais m'essayer dans les pages qui vont suivre.

Pour cela, je partirai de ce qu'on peut presque appeler une des scènes originaires de la philosophie politique, tant elle revient avec constance chez ses principaux auteurs, à savoir la scène de la « promesse » de don, ou de rançon, arrachée par un voleur qui exige de celui qu'il détient qu'il choisisse « la bourse ou la vie ».

Cette scène figure presque à l'identique, en effet, dans le *Léviathan* et dans le *Traité Théologico-Politique*, et permet justement de bien mettre en évidence non seulement certaines options fondamentales des philosophies politiques de Hobbes et de Spinoza, mais aussi de commencer à explorer pour elle-même cette géographie conceptuelle de la promesse, de ses passes comme de ses écueils, qui m'intéresse ici et absolument parlant.

Voici donc la scène chez Spinoza :

> Nul ne promettra, sinon *par tromperie*, <*neminem absque dolo promissurum*> de renoncer au droit qu'il a sur toutes choses, et […] abso-lument personne ne tiendra ses promesses <*neminem promissis staturum*> sinon par crainte d'un plus grand mal ou par espoir d'un plus grand bien. Pour me faire mieux comprendre, supposons qu'un brigand me force à lui promettre de lui donner mes biens quand il voudra <*ponatur latronem me cogere, ut ei promittam mea bona, ubi velit, ipsi daturum*>. Puisque, comme je l'ai montré, mon droit naturel n'est déterminé que par ma seule puissance, il est certain que, si je peux, *par tromperie <dolo>*, me libérer de ce brigand en lui promettant tout ce qu'il veut <*quicquid velit, promittendo*>, le droit de nature me permet de le faire, c'est-à-dire de le

tromper en acceptant le pacte qu'il impose <*dolo scilicet, quicquid velit, pacisci*>. Supposons encore que j'aie promis de bonne foi à quelqu'un <*me absque fraude alicui promisisse*> de ne pas prendre de nourriture ni d'aucun aliment pendant vingt jours, et qu'ensuite je me rende compte que cette promesse est stupide <*me stulte promisisse*> et que je ne peux pas m'y tenir sans le plus grand dommage : puisque je suis tenu par le droit naturel de choisir entre deux maux le moindre, je peux donc, avec un droit souverain, *rompre un tel pacte* <*possum ego summo jure fidem talis pacti rumpere*> et considérer cette parole comme nulle et non avenue <*et dictum, indictum ut fit, facere*> [...]. Nous concluons qu'un pacte ne peut avoir de force qu'eu égard à son utilité <*pactum nullam vim habere posse, nisi ratione utilitatis*> [1].

J'ai souligné les termes par lesquels Spinoza indique très clairement, d'emblée, que la victime du voleur utilise ici les « promesses » dans une relation de « tromperie », ou de ruse, comme un moyen, une technique, pour se délivrer d'une difficulté passagère, comme une arme de discours qui puisse compenser dans une certaine mesure l'arme bien réelle que pointe sur elle le « brigand » qui la menace. Nous devrons bien nous souvenir de cette caractérisation spinozienne de la promesse comme technique de gouvernement et de tromperie, car, pour le dire tout de suite, on ne trouvera justement jamais chez Hobbes, de façon assez étonnante, de telles conceptions qui semblent aller de soi pour Spinoza.

Les conclusions et les perspectives de la version hobbesienne de la scène s'avèrent en effet exactement à l'opposé de celles de Spinoza :

Les conventions <*Covenants*> passées sous l'effet de la crainte, dans l'état de simple nature, créent l'obligation <*are obligatory*>. Par exemple, si je m'engage par une convention à payer une rançon ou à fournir un service à un ennemi, je suis lié par cet engagement. C'est en effet un contrat <*Contract*> où l'un reçoit le bienfait de la vie sauve et où l'autre doit recevoir de l'argent ou un service en échange de ce bienfait. En conséquence, là où aucune autre loi n'interdit l'exécution (ce qui est le cas dans l'état de pure nature), la convention est valide. Aussi les prisonniers de guerre, si on leur fait confiance pour le paiement de leur rançon, sont-ils obligés de la payer <*are obliged to pay it*>. [...] Et même dans les Républiques, si je suis forcé de racheter ma vie à un brigand en lui promettant de l'argent, je suis tenu de payer cet argent, aussi longtemps que la loi civile ne me décharge pas de cette obligation <*And even in Common-wealths, if I be forced to redeem my selfe from a Theefe by promising him mony, I am bound to pay*

---

1. Spinoza, *Traité Théologico-Politique*, chap. XVI, éd. Gebhardt, vol. III, p. 192, ll. 8-26 ; trad. fr. J. Lagrée et P.-F. Moreau, Paris, P.U.F., 1999, p. 513.

it, till the Civill Law discharge me>. En effet, tout ce que je peux faire
légitimement *<lawfully>* sans y être obligé, je peux légitimement
<lawfully>, sous l'empire de la crainte, m'engager par convention à le
faire. Et la convention que je forme légitimement *<lawfully>*, je ne peux
pas légitimement *<lawfully>* la rompre [1].

Pour des lecteurs de Rousseau comme nous le sommes tous, habitués,
par conséquent, à bien distinguer ce qui relève de la « contrainte » et ce qui
relève de « l'obligation », le texte de Hobbes ne peut pas manquer
d'apparaître surprenant, voire choquant : comme si la force pouvait faire
droit, ce que nous essayons sans cesse et partout de récuser.

Comment rendre en effet le terme *lawfully*? Par « légitimement »,
comme le propose ici Tricaud, ou par « légalement » ? L'obligation dont
parle Hobbes est-elle « légitime », ou « légale » ? Assez étrangement pour
nous qui sommes enclins à distinguer les deux termes, les deux lectures
semblent possibles, et l'obligation que j'ai à payer une rançon à l'issue
d'une promesse que j'ai faite pour sauver ma vie est aussi bien « légitime »
(puisqu'elle peut exister selon Hobbes dans l'état de nature où il n'y a pas
encore de lois humaines) que « légale » (puisque, dans le cadre de la
république, cette obligation, précise Hobbes, vaut aussi longtemps qu'il
n'existe pas de loi positive qui s'y oppose); et par ailleurs, comme pour
compliquer la question, l'état de nature lui-même n'est pas sans lois,
puisqu'on y trouve précisément les « lois de nature » –et de ce fait, agir
selon les « lois de nature », c'est aussi bien agir « légalement » que « légitimement ». On ne trouve pas, sauf erreur, dans l'anglais de Hobbes, la
distinction correspondant à la distinction française « légal / légitime »[2], et
les traducteurs, que ce soit Tricaud[3] ou Folliot[4], montrent les mêmes
hésitations, ou la même indifférence à l'emploi de l'un ou l'autre terme.

---

1. *Lev*, 14, p. 138-139.

2. Une seule occurrence de l'adjectif *legitimate* dans le *Léviathan*, à propos des enfants :
chap. 47, § intitulé « le sacrement du mariage » : « […] what children are legitimate […] »
(*Lev*, p. 703; le paragraphe comprend également l'expression *the lawfulnesse of marriages*,
que Tricaud rend par « le caractère licite des mariages ».

3. Tricaud rend « *lawfull / unlawfull* », par exemple dans le chap. 22 (p. 249), par « licite /
illicite », mais « *lawfull* » par « légitime » dans les chap. 5 (p. 42), 10 (p. 89; mais « *unlaw-
fulls* » est rendu deux lignes plus loin par « illégaux »), 12 (p. 115 : « *Unlawfull* » est traduit par
« illégitime »), 12 (p. 119), 14 (p. 142), 15 (p. 158), 17 (p. 173), 18 (p. 180), etc., 46 (p. 689).

4. Voir http//classiques.uqac.ca/classiques/hobbes_thomas/leviathan/leviathan.html :
légal : chap. 10 : « un trafic légal *<lawful trade>* »; chap. 20 : « quand il peut légalement
<lawfully> s'exécuter, et qu'il ne le fait pas, ce n'est pas l'invalidité de la convention
qui le dispense [de le faire], mais la sentence du souverain. Autrement, toutes les fois qu'un
homme promet légalement *<lawfully>*, il rompt illégalement *<unlawfully>* sa promesse »;
chap. 22 : « Et parmi les systèmes privés, certains sont légaux *<lawfull>*, d'autres illégaux

Quoi qu'il en soit, l'idée de *délégitimer* une convention dès lors qu'il apparaît qu'elle a été extorquée et non pas librement consenti semble naturelle et juste à première vue. Or justement, le grand intérêt du passage de Hobbes sur la promesse extorquée par un voleur est qu'il nous oblige, au nom d'un point de vue rigoureux, et bien observé même s'il peut sembler paradoxal, à reconsidérer cette idée spontanée.

Il est très difficile de savoir en effet sous quelles contraintes exactes, ou selon quel degré de liberté, nous passons des conventions. Même si l'exemple du voleur semble extrême et hors du commun, bien des conventions que nous passons ordinairement se font aussi, en réalité, « le couteau sous la gorge ». Quand je vends ma voiture à la hâte parce que je suis à court d'argent, j'en accepte un prix plus bas que celui que j'aurais pu espérer en prenant mon temps – et pourtant cette vente sera tout à fait valable. Plus généralement, il s'avère difficile d'estimer le degré de liberté, c'est-à-dire de « consentement » ou de « contrainte », des contractants. Quand je prends, par exemple, un crédit immobilier, j'agis sous la contrainte, car je ne dispose pas de la somme nécessaire pour payer immédiatement. De ce fait je paierai, contraint et forcé, des intérêts. Pourtant, personne ne considère les crédits immobiliers comme des conventions invalides (même s'il existe un « taux d'usure » auquel on n'a pas le droit de prêter). Tout le monde est soumis à des contraintes de toute nature, personnelles, familiales, sociales, existentielles, etc. Aucune convention n'est donc jamais signée tout à fait librement, mais toujours sous la pression de degrés de contrainte plus ou moins grands, difficiles à apprécier et à comparer. Et donc, si l'on commençait à dire qu'une convention ne vaut qu'à la mesure du degré de liberté de ceux qui l'ont signée, on ruinerait presque immédiatement toutes les conventions. Par conséquent, ne pouvant entrer dans ces subtilités et ces chicanes infinies, nos institutions et nos sociétés préfèrent les laisser de côté, et statuer (comme le fait Hobbes) qu'une convention est valable dans tous les cas, à moins qu'une loi ne s'y oppose expressément, et

---

<*unlawfull*> », etc. Légitime : chap. 5 : « quoi qu'il soit légitime <*lawfull*> de dire, par exemple, que "le chemin va ou conduit là" […] » ; chap. 12 : « les juifs croyaient *illégitime* <*unlawfull*> de se reconnaître sujet de quelque roi mortel » ; chap. 13 : « le serment n'ajoute rien à l'obligation. Car une convention, si elle est légitime <*lawfull*>, […] » ; chap. 15 : « Les lois de nature sont immuables et éternelles, car l'injustice, l'ingratitude, l'arrogance, l'orgueil, l'iniquité, l'acception de personnes, et le reste, ne peuvent jamais être rendues légitimes <*lawfull*> », etc. Ici, sur le mot « légitimes », le traducteur indique en note : « […] "*lawful*" peut aussi bien signifier "légitime" (accord avec la loi de nature) que "légal" (accord avec la loi civile) [ou même "licite", est-il dit plus loin] » : mais dans ce cas, pourquoi ne pas adopter la même traduction pour toutes les occurrences du terme ? Il y a certainement là un véritable problème.

que les degrés de « liberté » ou de « contrainte » des contractants n'ont pas à être pris en compte (sauf cas tout à fait extrêmes) dans la validation des conventions. D'ailleurs, à bien écouter « ce que nous disons quand » (c'est-à-dire, à adopter pour un moment la méthode d'analyse du langage ordinaire), la contrainte est perceptible jusque dans le discours du consentement, indice du fait que contrainte et consentement ne peuvent jamais être totalement séparés l'un de l'autre. Lorsque je dis que « je consens » à quelque demande, c'est bien que cela n'allait pas de soi, que j'ai dû faire un certain effort. Je « consens », finalement, à te prêter cette somme que tu me demandes, ou à faire cette démarche que tu attends de moi, parce que, dans les deux cas, cela me coûte. À un ami qui me propose de faire une promenade, ou de déjeuner avec lui, je ne dirais pas « je consens », il serait très surpris par la solennité hors de propos de la réponse ; je répondrai plutôt « oui, avec plaisir, quand tu veux ». Dans la réponse « je consens », dans l'expression même du consentement, on sent ainsi l'hésitation, la réflexion, puis la décision –et aussi la demande quelque peu insistante. Pour qu'une relation ait été « consentie », il a bien fallu qu'elle n'aille pas d'abord de soi : un léger forçage reste toujours perceptible sous le consentement, et du fait même du « consentement ». Hobbes déclare valide le pacte passé avec le voleur de grands chemins, parce qu'il perçoit très bien, au fond, cette zone d'indécidabilité entre consentement et contrainte[1].

La lecture que fait Hobbes de la scène du voleur, rigoureuse sur un plan logique, témoigne donc également d'une juste observation de la réalité des échanges humains. Nous échangeons, toujours et partout, plus ou moins sous la contrainte. Pourquoi d'ailleurs ne pas considérer nos propres désirs comme une forme de contrainte ? Lorsque nous désirons un bien de consommation, désir qui nous fait finalement arbitrer en sa faveur dans notre budget, nous pourrions toujours nous plaindre, par la suite, du fait que cet objet pour lequel nous avons donné de l'argent (comme un voyageur donne de l'argent à un voleur qui le menace, pour conserver ce bien précieux qu'est sa propre vie) était trop séduisant, et que nous avons donc agi sous la contrainte. Ainsi, sauf cas-limites d'ailleurs recensés (certaines personnes, par exemple, se font elles-mêmes interdire d'entrée dans les casinos parce qu'elles ne peuvent pas résister à la tentation de jouer), les échanges ne sont rien d'autre que le marché des contraintes, et par conséquent, il serait tout à fait absurde de récuser comme invalide une

1. Ce point a été très bien mis en évidence par Paul Munier, dans son article « Entre crainte et consentement. Le rapport du citoyen au souverain chez Hobbes », *Tracés. Revue de Sciences humaines*, 14, 2008/1, p. 77-101 (en ligne : http://traces.revues.org/376).

convention, un marché ou un contrat sous prétexte qu'ils auraient été conclus sous la contrainte. Il n'y a d'ailleurs pas d'échanges concevables sans contraintes : si je n'étais soumis à aucune contrainte, si je n'avais besoin de rien, si je ne désirais rien, pourquoi échangerais-je quoi que ce soit contre quoi que ce soit ? L'échange bien compris suppose la contrainte, et Hobbes est donc parfaitement fondé à déclarer valides, comme il le fait, les accords passés sous la contrainte.

La raison pour laquelle cela n'apparaît pas aussi clairement à première vue est que la situation de la scène du voleur semble extrême : on y fait une promesse, on y consent, « le pistolet sur la tempe ». Mais Hobbes privilégie cet exemple parce que, selon toute vraisemblance, l'ensemble de la scène de la vie sauve obtenue par un accord extorqué sous la terreur possède à ses yeux un caractère exemplaire, prototypique.

Et en effet c'est bien le cas, puisque les mots que je viens d'employer pour décrire la scène du voleur (« scène de la vie sauve obtenue par un accord extorqué sous la terreur ») conviendraient également pour décrire la scène originaire ou primitive de la République, à savoir le Pacte Social. Qu'est-ce en effet que le pacte social, sinon un contrat passé sous la terreur de la mort immédiate, et par le respect duquel on obtient la vie sauve ? La scène du voleur au coin du bois, et du contrat que je passe avec lui, n'est donc qu'une espèce d'écho lointain de cette scène primitive (scène dont le réel nous est insupportable, ou purement cauchemardesque) par laquelle s'est créée la République, et qui en avait déjà toutes les caractéristiques de violence et de contrainte, multipliées presque à l'infini. La convention passée avec le voleur, comme le marché ordinaire que je passerai avec un entrepreneur, sont des échos plus ou moins atténués de la grande scène du Pacte, dans laquelle la plus valide (et la plus validante) des conventions a été passée sous l'emprise de la plus grande des terreurs et dans la plus angoissante des urgences.

Toute notre culture, tous nos interdits, toutes nos institutions peuvent d'ailleurs être considérées (c'est la thèse bien connue de Girard) comme un mélange inextricable de célébration et de refoulement de cette scène primitive. J'ai longtemps été tenté par une lecture girardienne du Pacte originaire dans la philosophie de Hobbes. Tout y était en place : le mimétisme, la terreur initiale, la lutte de tous contre tous. L'homme étant un loup pour l'homme, chacun pouvait craindre d'avoir affaire à la meute entière. Mais sans bouc émissaire, la scène n'était pas complète. Je me suis alors souvenu que « *Léviathan* » était le nom du monstre évoqué dans le livre de Job, et que justement, comme Girard l'avait d'ailleurs montré dans *La Route antique des hommes pervers*[1], l'évocation du Léviathan par les soi-disant « amis » de Job y était la pièce maitresse de la mise en scène par laquelle Job était constitué, par l'alliance momentanée et inouïe de Dieu et du Diable, en victime émissaire type. Peut-être par conséquent devrions-nous apprendre à entrevoir Job (ruiné, sa femme et ses enfants tués, son bétail brûlé, lui-même malade, souffrant sur son tas de fumier, et menacé par ses anciens amis, alors qu'il avait toujours été le meilleur des serviteurs de Dieu), derrière ou à travers le Léviathan, c'est-à-dire la présence sans doute quelque peu fantomatique, mais tout de même perceptible, de la victime émissaire dans la scène primitive de la République[2] ?

Quoi qu'il en soit, puisque chez Hobbes le pacte social, de proche en proche, est le modèle de la validité de toute convention, et d'ailleurs la garantit, Hobbes aurait tout simplement ruiné l'ensemble de sa théorie politique s'il avait accepté ne serait-ce que le principe de « degrés de validité » des conventions en fonction des « degrés de liberté » des contractants.

La similitude entre les deux pactes est d'ailleurs explicitement soulignée par Hobbes lui-même, non dans le *Léviathan*, mais dans le *De Cive*[3] :

---

1. R. Girard, *La Route antique des hommes pervers*, Paris, Grasset, 1985.
2. Selon Yves-Charles Zarka, que je remercie vivement pour être intervenu en ce sens à la suite de la première présentation de ce texte, l'absence du « bouc émissaire » dans la scène primitive hobbesienne doit être imputée à la parfaite symétrie des protagonistes : faute en effet, dans une telle épure, de tout « signe victimaire » (être boiteux, bègue, contrefait, borgne, étranger, louche…), qui distinguerait un individu d'un autre, la polarisation de la foule violente ne peut pas se produire – exactement comme, dans la scène de la femme adultère dans les Évangiles (« Que celui qui n'a jamais péché jette la première pierre »), Jésus bloque le mécanisme de la violence en mettant en avant l'exacte équivalence des protagonistes. En ce sens la crise mimétique décrite par Hobbes serait aussi insoluble que le fameux dilemme lacanien des prisonniers ayant une marque blanche ou noire dans le dos (*cf.* « Le temps logique et l'assertion de certitude anticipée – un nouveau sophisme » *in* J. Lacan, *Écrits*, Paris, Seuil, 1966, p. 197-213). Et de fait, chez Girard, la culture ne peut naître sans une première dissymétrie, un premier faux-pas, une première chute… qui font que la foule se rue d'un seul coup sur celui qui vient de tomber, sign(al)ant ainsi sa nature victimaire. La réalité offre cependant toujours de ces imperceptibles dissymétries, capables de déclencher la polarisation violente. Et faute de cela, le tirage au sort (comme dans « Il était un petit navire »), ou le hasard (comme le jeu de dés des soldats romains au pied de la croix), peuvent toujours suppléer. Mais on doit reconnaître que Hobbes ne donne pas d'indications allant dans ce sens. Voir cependant Paul Dumouchel, « Hobbes, la course à la souveraineté », *Stanford French Review*, 1986, p. 153-176, qui montre de façon saisissante que le souverain hobbesien, bien que laissé en blanc, comme une sorte de case vide, par hobbes, ne peut être que « l'ennemi de tous » (p. 175), autrement dit qu'il occuperait exactement la place du bouc émissaire Girardien.
3. *De Cive*, section 1, chapitre 2, § 16.

On a coutume de demander si des pactes <*pacta*> arrachés par la crainte sont ou non obligatoires <*obligatoria*>? Par exemple, si je me suis engagé envers un brigand, pour racheter ma vie, à lui transmettre mille pièces d'or le jour suivant et à ne rien faire qui pourrait mener à son arrestation et le conduire au tribunal, y suis-je ou non tenu? Même si un pacte de ce genre doit parfois être regardé comme invalide, il ne le sera pas du seul fait de procéder de la crainte. *En effet, il s'ensuivrait alors que les pactes grâce auxquels les hommes se rassemblent en un mode de vie civil et établissent des lois seraient invalides (car le fait que quelqu'un se soumette au gouvernement d'un autre procède d'une crainte mutuelle d'être tué)* et que celui qui placerait sa confiance en un captif qui s'engage pour prix de son rachat n'agirait pas avec raison. De manière générale, il est vrai que les pactes obligent lorsque le bien a été reçu et qu'il est licite de promettre, et de promettre telle chose en particulier. Or il m'est licite <*licitum est*>, afin de racheter ma vie, de promettre et de donner parmi mes biens tout ce que je souhaite à n'importe qui, y compris à un brigand. Nous sommes donc obligés par les pactes qui sont motivés par la crainte, à moins que quelque loi civile ne l'interdise, par laquelle il devient illicite de promettre cela [1].

Le caractère exemplaire du motif du « pacte passé sous la terreur » peut expliquer, dans une certaine mesure, la radicalité de la divergence entre Hobbes et Spinoza à partir de ce point précis. Puisque le pacte passé sous l'empire de la terreur, en effet, est le modèle des pactes qui seront passés ensuite dans la société, sous des contraintes plus ou moins fortes, de deux choses l'une : ou bien, comme Hobbes, on déclare la validité de tout pacte même passé sous la contrainte, surtout du pacte fondateur de la cité, et on reste ferme sur une conception contractualiste de la société – et, de ce fait, comme nous allons le voir, on est nécessairement conduit à accorder une sorte de valeur sacrée au respect des conventions, des pactes, ou des promesses. Ou bien, comme Spinoza, on estime qu'un pacte passé sous l'emprise de la terreur ne peut être qu'une tromperie ; que de ce fait le pacte fondateur lui-même ne peut être autre chose qu'une tromperie ou une illusion de pacte ; que par ailleurs les pactes étant toujours conclus dans une situation sinon de terreur, du moins d'urgence ou de contrainte, l'idée même de pacte doit finalement se voir retirer toute valeur heuristique et toute pertinence. Et, comme Spinoza le fera en effet dans le *Traité Politique*, on abandonne alors le pacte comme modèle de compréhension de la politique et de la société.

1. Hobbes, *De Cive*, The Latin Version [...] a critical edition by Howard Warrender, Oxford, Clarendon Press, 1983. Passage souligné : *propterea quod inde sequeretur, pacta ea, quibus in vitam civilem homines congregantur, et leges condunt, invalida esse ; (procedit enim à metu mutuae caedis, quod alter alterius regimini se submittat).*

Dans le *Traité Politique* comme dans certains passages du *Traité Théologico-Politique*, le pacte originel est d'ailleurs présenté par Spinoza de façon assez ambiguë, hésitant entre inauguration et conservation, comme si le pacte social n'avait fait que prolonger et conserver une sorte de proto-pacte naturel –c'est-à-dire de non-pacte. Spinoza est en effet le théoricien d'une paradoxale démocratie originaire :

> Je suis en effet pleinement persuadé que de nombreux États aristocratiques ont été d'abord démocratiques. Une multitude <*multitudo quaedam*>, cherchant, puis trouvant et occupant de nouveaux territoires, a *conservé*, prise en son ensemble, un droit de commander égal pour tous <*imperandi aequale jus integra retinuit*>, car personne ne remet volontiers le commandement à autrui <*nemo imperium alteri dat volens*> [1].

J'ai souligné « a conservé » (*retinuit*), verbe par lequel Spinoza définit le pacte de la démocratie primitive comme ayant toujours déjà eu lieu, donc paradoxalement sans origine. Cette ambiguïté entre inauguration et perpétuation était déjà présente dans un passage du *Traité Théologico-Politique* où Spinoza, rapprochait la théocratie totale des Hébreux (après la sortie d'Égypte) de la démocratie primitive :

> Puisque les Hébreux ne transférèrent leur droit à personne d'autre <qu'à Dieu>, mais que tous, également, comme dans une démocratie <*ut in democratia*>, renoncèrent à leur droit […], il s'ensuit que, par ce pacte, tous *demeurèrent* parfaitement égaux [2].

Le pacte théocratique innove, inaugure, instaure un transfert de droit. Et pourtant, en même temps, il conserve l'égalité démocratique initiale (« tous *demeurèrent* parfaitement égaux »). De ce fait, la démocratie que Spinoza recherche et qu'il appellera « État absolu » (*imperium absolutum*) au début du chapitre 11 et dernier du *Traité Politique*, bien loin d'être l'écho ou la conséquence d'un pacte initial plutôt évanescent, retrouve une sorte d'état d'avant le pacte, un état « naturel » de composition des puissances, comme Spinoza l'explique dans la Lettre 50 à Jelles (1674) en distinguant sa conception de celle de Hobbes :

> Vous me demandez quelle différence il y a entre Hobbes et moi quant à la politique : cette différence consiste en ce que je maintiens toujours intact le droit naturel <*ego naturale jus semper sartum tectum conservo*> et que je n'accorde dans une Cité quelconque plus de droit au souverain sur les

---

1. Spinoza, *Traité Politique* 8/12, trad. fr. Ch. Ramond, Paris, P.U.F., 2005.
2. Spinoza, *TTP*, XVII, *op. cit.*, p. 549, l. 5-13 : *hinc sequitur omnes ab hoc pacto aequales prorsus mansisse*. Je souligne en français.

sujets qu'à la mesure de la supériorité de sa puissance sur eux, comme c'est toujours le cas dans l'état de nature <*quod in statu naturali semper locum habet*>[1].

Finalement, chez Spinoza, le pacte s'avèrera inutile parce que le régime qui en procèderait directement serait équivalent à l'état de nature lui-même :

> Je pense par là avoir établi avec une clarté suffisante les fondements de l'État démocratique, dont je voulais traiter le premier parce qu'il paraissait le plus naturel et le plus proche de la liberté que la nature accorde à chacun. Car, dans cet État, nul ne transfère son droit naturel à autrui au point d'être exclu de toute délibération à l'avenir ; chacun au contraire le transfère à la majorité de la société tout entière dont il constitue une partie. Et de cette façon tous *demeurent* égaux <*omnes manent [...] aequales*>, comme auparavant dans l'état de nature[2].

La disparition si frappante d'une référence explicite au pacte social dans le *Traité Politique* proviendrait ainsi de deux thèses convergentes : d'une part, que la démocratie qui succèderait au pacte ne serait pas fondamentalement différente dans ses effets de celle qui l'aurait précédé ; d'autre part, que la nécessaire dimension de contrainte, de violence, voire de terreur qui accompagnerait un pacte primitif réel ne pourrait que délégitimer les conventions qui en résultent (par exemple, le pacte avec le voleur violent), si bien que le pacte primitif ne peut jamais être pour Spinoza un modèle valable pour lire l'émergence ou l'histoire des sociétés.

---

1. Spinoza, *Lettre 50* à Jarig Jelles, du 2 juin 1674, début. Je traduis. Sur les rapports entre les philosophies de Hobbes et de Spinoza, voir C. Lazzeri, *Droit, pouvoir et liberté : Spinoza critique de Hobbes*, Paris, P.U.F., 1998. Lazzeri cite en exergue de son ouvrage un passage de la *Vie de Thomas Hobbes* par John Aubrey (dans ses *Brief Lives*, publiées posth. sous ce titre pour la première fois en 1898), dans la traduction de Samuel Sorbière (in *De Cive*, Paris, Publications de la Sorbonne, 1981, p. 19) : « Dès que le *Tractatus Theologico-Politicus* de Spinoza parut, M. Edmund Waller l'envoya à Hobbes [*sic*, pour « à Monseigneur de Devonshire »] en le priant de lui faire savoir ce qu'en disait M. Hobbes. M. Hobbes déclara à sa seigneurie : *Ne judicate ne judicemini* » [*sic* : citation modifiée de *Nolite judicare ut non judicemini*, ou de *Nolite judicare et non judicabimini*, respectivement *Matthieu* 7-1 et *Luc* 6-37 : « ne jugez pas et vous ne serez pas jugés »]. Aubrey ajoute une phrase qui n'est pas traduite par Sorbière : « *He told me he had out throwne him a barres length, for he durst not write so boldly* » : « Il me déclara (sc. Hobbes déclara à Aubrey) qu'il (sc. Spinoza) était allé plus loin que lui (sc. Hobbes) d'une longueur de barre, car il (sc. Hobbes) n'avait pas osé écrire si hardiment ». Hobbes fait ici allusion à un jeu qui consistait à lancer le plus loin possible une barre de fer, dont la longueur servait à mesurer les jets. Je remercie Denis O'Brien pour m'avoir aidé à comprendre tout ce passage d'Aubrey.

2. Spinoza, *Traité Théologico-Politique*, XVI, *op. cit.*, p. 521, ll. 8-16 ; G III 195. Je souligne en français.

On n'en voit que plus clairement, par contraste, l'originalité et la cohérence de la position de Hobbes, qui se jette exactement dans la position opposée : le pacte primitif, passé dans un contexte de terreur et de violence mimétique, non seulement restera valable, mais sera le modèle constamment ré-actualisé de la validité de tous les pactes passés par la suite.

Lorsqu'on considère les promesses en elles-mêmes (que je ne distingue pas ici, à l'exemple de Hobbes, des pactes et des conventions[1]), on peut cependant avoir le sentiment que Hobbes soutient que les promesses n'ont pas de force intrinsèque, et qu'elles ne sont rien d'autre que des « mots » (*words*) lorsqu'elles ne sont pas soutenues par le glaive (*sword*) du souverain. C'est le passage bien connu :

> Les conventions, sans le glaive, ne sont que des paroles, dénuées de la force d'assurer aux gens la moindre sécurité <*And Covenants, without the Sword, are but Words, and of no strength to secure a man at all*> [2].

– comme si les promesses, ou les engagements, devaient toujours être suppléées, ou garanties, par l'épée, comme si, par conséquent, les promesses et les engagements n'avaient pas de force intrinsèque.

De même, Hobbes mentionne l'opinion selon laquelle les promesses peuvent se voir renforcées par des « serments » :

> Cet acte de jurer, ou serment <*Swearing or OATH*>, est une façon de parler qui *s'ajoute à la promesse* <*a Forme Of Speech, Added To A Promise*> et par laquelle celui qui promet déclare que s'il ne s'exécute pas, il renonce à la pitié de son Dieu ou l'invite à exercer sur lui sa vengeance [3].

La formule selon laquelle le serment « s'ajoute à la promesse » semble bien, à première vue, aller dans le même sens que ce que nous avons vu précédemment concernant le « glaive » : comme si les promesses étaient par elles-mêmes si faibles qu'elles avaient besoin d'être soutenues,

---

1. Voir par exemple *De Cive*, 14, 2, p. 272 : « Aristote a donc confondu *pactes* et *lois*, ce qu'il ne devait pas faire ; un *pacte* est en effet une *promesse* <*est enim pactum, promissum*>, et une loi un commandement <*lex, mandatum*>. Dans les *pactes*, on dit "je ferai", dans les *lois*, "fais" <*In pactis, faciam dicitur ; in legibus, fac*> ». Hobbes ajoute alors : « un pacte* nous oblige » <*Pacto* obligamur*>, et précise lui-même, dans une note appelée par l'astérisque, à quel degré de liaison se trouvent « pacte » et « promesse » : « [...] Un homme est obligé par un *pacte*, autrement dit il doit s'exécuter en raison de sa *promesse* <*Pacto obligari hominem, id est, propter promissionem praestare debere*> ; mais il est tenu à son obligation par la loi, autrement dit il est contraint de s'exécuter <*ad praestationem cogi*> par crainte de la peine établie dans la loi ».

2. *Lev*, 17, p. 173.

3. *Lev*, 14, p. 141. Je souligne en français.

étayées, redoublées, confirmées de toutes parts, d'un côté par la menace de l'épée, de l'autre par des serments, bref par tout un arsenal de dispositifs qui « s'ajouteraient » à elles.

Et cependant, justement, Hobbes ne traite pas du tout de la même façon les deux suppléants de la promesse que sont le glaive et le serment, ce qui me semble très significatif dans la perspective de ce que j'essaie d'établir ici. En effet, Hobbes va dénier au serment toute valeur « d'augmentation » de l'engagement que constitue une promesse considérée en elle-même. Le serment, contrairement à l'opinion la plus courante « n'ajoute rien », selon lui, à l'obligation :

> Le serment *n'ajoute rien* à l'obligation *<the Oath addes nothing to the Obligation>*. Car une convention, si elle est légitime *<if lawfull>*, vous lie aux yeux de Dieu, en l'absence de serment aussi bien qu'en cas de serment ; et si elle est illégitime *<if unlawfull>*, elle ne lie pas du tout, fût-elle-même confirmée par serment [1].

Hobbes est tellement soucieux d'établir son point (à savoir, qu'il n'y a pas de degrés dans l'engagement, et qu'une promesse est affaire de tout ou rien), qu'on peut le prendre ici en flagrant déni, en pleine dénégation, contrairement à sa lucidité habituelle, de l'expérience courante. En effet, la pratique, les coutumes les plus usuellement répandues, montrent, au contraire de ce que dit Hobbes ici, que les serments « ajoutent » quelque chose aux promesses, et aux engagements, ou du moins ont cette fonction individuelle et sociale. Chacun a bien le sentiment qu'une promesse faite solennellement, en public, sur ce que l'on a de plus sacré (la tête de ses parents, la tombe d'un être cher, un Dieu auquel on croit, la Bible – comme les Présidents des États-Unis), ou que le fait de donner, comme on dit, « sa parole d'honneur », ou encore que cette chose étrange à laquelle nous sommes parfois contraints dans les démarches administratives, de « signer » ou « d'attester » « sur l'honneur » (et de l'écrire en toutes lettres, de notre main), bref, que tout cela a pour but, de toute évidence, d'« ajouter » quelque chose à la simple promesse, et de constituer des engagements « plus forts », si vagues soient ces termes. D'ailleurs, nous n'accordons généralement pas de valeur aux promesses en elles-mêmes, mais seulement aux promesses en tant qu'elles émanent d'un garant auquel nous faisons confiance. C'est un problème récurrent chez Descartes : je me défie de celui qui m'a une fois trompé, et en revanche je peux m'appuyer en confiance sur la garantie apportée par un Dieu qui ne change jamais. Les

---

1. *Lev*, 14, p. 142. Je souligne « n'ajoute rien ».

promesses, donc, ont généralement à nos yeux exactement autant de valeur que nous attribuons de constance, de fidélité, de sens moral, à ceux qui les font. C'est une vérité évidemment particulièrement palpable en ce qui concerne la politique : nous voyons bien, tout particulièrement en période de campagne électorale, qu'il est difficile, pour quelqu'un qui n'a pas tenu la plupart de ses anciennes promesses, d'en faire de nouvelles qui soient crédibles.

Et donc Hobbes, en affirmant que les serments « n'ajoutent rien » aux promesses, récuse ou fait semblant d'ignorer l'expérience courante et nombre de pratiques institutionnelles avérées, pour adopter une position d'une raideur très remarquable. Pourquoi donc ? La seule solution logique, et compatible avec toute sa théorie des promesses et des pactes, me semble être qu'il cherche à donner le plus de force possible aux engagements ou aux promesses considérés en eux-mêmes, à en faire des actes quasi sacrés que rien ne pourra défaire ; et cela, selon toute vraisemblance, parce que tout l'édifice politique reposant pour Hobbes sur un premier pacte ou promesse première, une promesse auto-fondatrice, une sorte de *causa sui* de la politique, il ne peut en aucune manière laisser s'introduire de grada- tion dans la validité des engagements et des promesses. C'est le geste constant que nous lui avons vu adopter, et qui permet de comprendre aussi bien sa lucidité quant à la validité des conventions passées sous la contrainte, que son aveuglement volontaire quant à la force illocutoire et perlocutoire des serments.

C'est pourquoi le respect des conventions est placé en position de loi de nature. La troisième des lois de nature (la justice), stipule en effet

> que les hommes s'acquittent de leurs conventions, une fois qu'ils les ont passées <*That Men Performe Their Covenants Made*>[1].

Et donc, si l'on en revient au jeu de mots sur *words* et *sword*, Hobbes se serait grossièrement contredit s'il avait dit que seule l'épée créait l'obliga- tion. Mais il dit seulement que les hommes ne peuvent être contraints ou forcés, à accomplir ou à tenir, leurs promesses, que par l'épée. Pour autant les promesses, avec ou sans l'épée, créent parfaitement l'obligation, comme on le voit dans le cas de la rançon promise au voleur. Hobbes introduit ici par conséquent de fait, la différence entre « forcer » et « obli- ger » : les mots ne peuvent jamais forcer, mais les promesses obligent toujours. Ni le glaive ni les serments n'introduisent donc des degrés dans la validité des promesses. Dans un cas comme dans l'autre, l'obligation créée

---

1. *Lev*, 15, p. 143.

par la promesse est immédiatement pleine et entière : elle ne peut pas plus être diminuée sous prétexte qu'elle aurait été passée sous la crainte qu'elle ne saurait être renforcée sous prétexte qu'elle aurait été accompagnée de serments ; et elle n'est pas plus diminuée par l'absence de contraintes légales qu'elle ne serait renforcée par la présence de ces mêmes contraintes, c'est-à-dire par la présence de l'épée ou du glaive du souverain. Les obligations créées par les promesses sont ainsi indifférentes, chez Hobbes, aussi bien à la crainte qu'aux serments, à l'emploi qu'au non emploi de la force légitime.

C'est pourquoi deux types d'analyses de la promesse sont absents, de façon très frappante, de la philosophie de Hobbes.

On n'y trouve d'abord aucune analyse de la promesse comme technique de gouvernement et de tromperie au présent, ce qui est tout à fait extraordinaire à la réflexion dans un livre de philosophie politique, et surtout dans un livre de philosophie politique qui souligne à ce point le fait que le temps d'énonciation de la promesse est le présent. Hobbes ne pouvait tout de même pas ignorer que, depuis que le monde est monde, les hommes politiques séduisent, gouvernent et trompent d'abord et avant tout par des promesses ; que les promesses, de fait, servent principalement à gouverner, ou à résoudre des problèmes pratiques *hic et nunc*, au moins autant qu'elles engagent pour l'avenir. L'exemple du voleur est assez parlant : je me délivre maintenant, au moyen d'une promesse, d'un péril mortel immédiat. Une promesse, c'est presque toujours d'abord cela : quelque chose qui semble viser l'avenir, mais qui a d'abord une efficacité immédiate, la plus grande des efficacités immédiates, si bien que non seulement les promesses se font toujours au présent (comme le remarque Hobbes et comme il y insiste à très juste titre dans le chapitre 14 du *Léviathan*, puisqu'il serait en effet absurde et ridicule de dire « je te promettrai une récompense si tu fais ce que je te demande », et encore plus absurde et ridicule de dire « je te promets que je te promettrai cette récompense »[1]), mais de plus permettent d'agir aussi au présent –et cela, Hobbes ne semble même pas le remarquer.

Hobbes considère si peu l'usage des promesses comme technique de gouvernement dans la politique internationale qu'il va jusqu'à déclarer que

> Si un prince plus faible conclut une paix désavantageuse avec un plus fort, sous l'empire de la crainte, il est tenu de la respecter, à moins [...] qu'il ne surgisse quelque nouvelle et juste cause de crainte, telle qu'elle fasse reprendre les hostilités. <*And if a weaker Prince, make a disadvantageous*

---

1. Voir *Lev*, 14, p. 134.

peace with a stronger, for feare; he is bound to keep it; unlesse (as hath been sayd before) there ariseth some new, and just cause of feare, to renew the war> [1].

Cet exemple suit immédiatement, dans le texte, une référence aux « prisonniers de guerre » qui « doivent payer leur rançon » si on leur fait confiance, et précède immédiatement une référence au « brigand » auquel je suis « tenu de payer » ce que j'ai été « forcé » de lui promettre pour racheter ma vie. Les trois exemples illustrent la même idée, et sont mis par Hobbes sur le même plan. Or, conclure une « paix désavantageuse », pour un prince, revient à renoncer dans une certaine mesure à protéger son peuple, ce qui ne devrait pas être possible. On se serait attendu ici à ce que Hobbes considère la politique internationale comme une sorte d'état de nature entre les cités, et que de ce fait il autorise par principe tout prince à utiliser tous les moyens, y compris bien sûr les fausses promesses, pour protéger son peuple. Or il n'en est rien, et Hobbes se montre ici parfaitement clair sur la nécessité, pour un prince, de respecter une promesse même faite au détriment de son peuple ou de sa cité. Devant ce genre de textes, on mesure mieux que Hobbes a écrit le *De Cive*, mais justement pas *Le Prince* [2]...

La raison de cette étonnante absence d'une prise en compte de la promesse comme technique de gouvernement au présent me semble provenir du fait que Hobbes ne peut pas faire place, dans son système de philosophie anthropologique et politique, à une réalité aussi courante que le fait de ne pas tenir ses promesses, ni même à la description d'un processus

---

1. *Lev*, 14, p. 138. J'ai fait remarquer, dans *Descartes, Promesses et Paradoxes*, *op. cit.*, p. 65, qu'une promesse est l'une des rares choses (la seule ?) qu'on ne puisse pas promettre…

2. On ne trouve aucune entrée « *Promise* » dans le copieux index du célèbre ouvrage de Quentin Skinner, *Reason and Rhetoric in the Philosophy of Hobbes*, (Cambridge, Cambridge University Press, 1996). C'est un fait remarquable. Car, si la thèse de Skinner (selon laquelle Hobbes serait revenu, dans le *Léviathan*, à la rhétorique et à tous ses artifices) est exacte, il n'en est que plus surprenant de voir Hobbes s'y désintéresser de l'art de gouverner par des promesses, où se manifeste pourtant au plus haut point la liaison entre rhétorique et politique, discours et pouvoir. Ce désintérêt peut s'expliquer, en revanche, si l'on considère que le souci de Hobbes est plutôt juridique que politique c'est la thèse de Julie Saada, (que je remercie ainsi que Jean Terrel pour leurs remarques sur le présent texte), dans son ouvrage *Hobbes et le sujet de droit*, Paris, CNRS Éditions, 2010. Il n'y a pas non plus d'entrée « *Promise* » dans l'ouvrage de Skinner, *Hobbes and Republican Liberty* (Cambridge, Cambridge University Press, 2008), ni d'entrée « Promesse » dans sa traduction en français par Sylvie Taussig (*Hobbes et la conception républicaine de la liberté*, Paris, Albin Michel, 2009). Pas non plus d'entrée « promesse », dans A. Garcia, *Thomas Hobbes, Bibliographie internationale de 1620 à 1986*, Centre de philosophie politique et juridique de l'université de Caen, 1986, ni d'occurrence du terme dans le *Bulletin Hobbes* entre 2000 et aujourd'hui.

par lequel on pourrait revenir sur sa parole. Tout ce qui préoccupe sans cesse Descartes (et qui se montre à l'omniprésence, chez lui, du vocabulaire de l'hésitation et de la reprise : « abjurer » ou ne pas abjurer, « désavouer » ou non ses écrits, « se repentir » ou s'obstiner, « changer d'avis » ou persévérer, « se convertir » ou conserver sa religion, etc.), tout ce en quoi Spinoza, dès la première page du *Traité Politique*, place l'essentiel de l'activité politique (« tendre des pièges », « ruser ») :

> Les hommes politiques, estime-t-on en revanche, *tendent des pièges aux hommes plutôt qu'ils ne veillent sur eux <magis insidiari quam consulere>*, et sont habiles plutôt que sages : c'est que l'expérience leur a enseigné qu'il y aura des vices aussi longtemps qu'il y aura des hommes. Ils s'appliquent donc à prévenir la méchanceté humaine par des procédés qu'enseigne une longue expérience, et qu'utilisent habituellement des hommes conduits par la crainte plus que par la raison [1].

– le premier des procédés par lesquels les politiques conquièrent et conservent le pouvoir étant évidemment la pratique de la promesse, et, comme dit Spinoza, tout cela étant « connu et bien connu », et résultant d'une longue expérience –, tout cela, donc, est purement et simplement absent du *Léviathan*. C'est à peine si Hobbes semble avoir les mots pour dire ce genre de choses. On ne trouve pour ainsi dire pas, dans le *Léviathan*, les termes anglais correspondant au français « rusé » : aucune occurrence de « *cunning* », ni de « *sly* », ni de « *slyness* » ; Ulysse n'est pas mentionné une seule fois ; « *craft* » et « *crafty* », rendus par « artificieux » par Tricaud, interviennent surtout dans un contexte de perception, et non pas dans un contexte proprement politique ; et on n'y trouve pas non plus le terme « *trickery* » [2].

---

1. Spinoza, *Traité Politique* 1/1, trad. fr. Ch. Ramond. Je souligne en français. Voir aussi, quelques lignes plus loin (1/3) : « Or les règles de droit communes, et les affaires publiques, ont été instituées et traitées par des hommes à l'esprit très pénétrant <*a viris acutissimis* –le terme *acutissimus* qualifiera Machiavel en 5/5>, qu'ils soient *rusés* ou simplement *habiles* » <*sive astutis, sive callidis*>.

· 2. Au chap. 8 du *Léviathan*, Hobbes définit « *craft* », que Tricaud traduit par « astuce ». Dans les lignes qui suivent, Hobbes définit *shifting* comme un comportement non seulement malhonnête, mais stupide : « cette conduite qui se nomme en latin *versutia* (ce qu'on traduira en anglais par *shifting*), qui consiste à écarter un danger ou un ennui présent en s'engageant dans un plus grand, comme quand on vole l'un pour payer l'autre, n'est qu'une astuce à plus courte vue encore ». Aucun des deux termes n'est valorisé par Hobbes : au chap. 10, il les qualifie de « peu honorables » (*Craft, Shifting*, […] *is Dishonourable* ; Tricaud p. 88 : « L'astuce, les expédients […] sont peu honorables »). Au chap. 27, Hobbes se montre très sévère avec ceux qui « montrent une propension à tous les crimes qui reposent sur l'astuce » <*craft*> (tr. fr. p. 318, § « sur sa sagesse »).

Le fameux passage du chapitre 13 du *Léviathan*, dans lequel Hobbes déclare (pour reprendre la traduction Tricaud) que « la violence et la ruse sont en temps de guerre les deux vertus cardinales » *<Force, and Fraud, are in warre the two Cardinall vertues>*[1] ne peut d'ailleurs servir ni de contre-exemple à ce qui a été dit plus haut sur les « Princes faibles » qui doivent respecter leurs promesses même au détriment de leurs peuples, ni à ce qui est dit ici de l'absence presque totale du registre de la « ruse » dans l'ouvrage. En effet, la « guerre » dont il est question dans ce passage du chapitre 13 est celle « de chacun contre chacun » *<of every man against every man>*, en l'absence, précise Hobbes, de « pouvoir commun » *<where there is no common power>* : il ne s'agit donc pas d'une « guerre » entre « Princes », puisque ce dont parle ici Hobbes a lieu alors qu'il n'existe pas encore, par hypothèse, de sociétés organisées, mais il s'agit plutôt des « affrontements » ou des « combats » qui peuvent se déclencher à tout instant à l'état de nature, décrit par Hobbes comme un état d'hostilité larvé. Hobbes emploie ici le terme « *fraud* », qui signifie « supercherie », « tromperie », « fraude à la marchandise » (exactement comme en français), et n'est pas traduit par « ruse » dans les dictionnaires. En outre, même le terme « *fraud* » n'apparaît guère plus d'une dizaine de fois dans le *Léviathan*, et jamais dans des contextes de « ruses » politiques pratiquées par des princes, qui feraient des promesses d'abord pour endormir leurs ennemis –ou leurs alliés. Tricaud machiavélise donc Hobbes en cet endroit : la formule très frappante (en français) « la violence et la ruse sont en temps de guerre les deux vertus cardinales » suppose en effet qu'on efface le fait qu'il ne s'agit pas d'une « guerre » au sens usuel du terme, qu'on force un peu la traduction de « *fraud* » en le rendant par « ruse », et qu'on rende en outre l'anglais « *force* » par le français « violence », alors que le terme anglais « *violence* » est courant dans le *Léviathan*, et qu'il n'y avait aucune raison d'effacer cette distinction. « Dans la guerre de chacun contre chacun, force et fraude sont les deux vertus cardinales » aurait constitué une traduction moins spectaculaire, mais plus exacte, de « *Force, and Fraud, are in warre the two Cardinall vertues* ». Elle aurait permis en outre de conserver en français quelque chose de l'écho existant en anglais entre *force* et *fraud*. Et elle aurait évité de donner à penser que Hobbes pouvait si peu que ce soit se faire le défenseur de la « ruse » comme pratique de gouvernement dans un cadre politique.

Si Hobbes n'utilise pas le registre de la « ruse », ce n'est certes pas par ignorance de l'anglais, mais parce que, plus profondément, il ne voit pas de

---

1. *Lev*, 13, p. 126.

chemin conceptuel possible pour concevoir une rétractation, ou une promesse qu'on puisse « rompre » ou reprendre. Les expressions anglaises correspondantes sont « *violation of covenants* », ou « *violation of faith* ». La plus fréquente est le verbe « *to break* », qui est en lui-même le contraire des verbes « *to covenant* »[1] ou « *to promise* »[2], et qui se retrouve dans diverses expression, comme « *to break one's word* ». De façon très frappante, Hobbes dénonce toujours avec la plus grande vigueur la simple évocation de « briser » ou de « rompre » des promesses une fois faites. Seul un « insensé » *<foole>* peut envisager de tels discours ou de telles actions : c'est le sens du fameux développement du chapitre 15 du *Léviathan*. Seul un « insensé », donc, peut mettre sur le même plan le fait de « respecter ou ne pas respecter » des conventions *<keep, or not keep Covenants>*. Seul l'« insensé » est capable de « violer sa foi » *<d'une violation of faith>* pour « acquérir un royaume ». Finalement,

> Celui qui enfreint ses conventions *<He therefore that breaketh his Covenant>* et en conséquence déclare qu'il lui est permis, raisonnablement, d'agir ainsi, celui-là ne peut être admis dans aucune société *<cannot be received into any Society>* d'hommes qui s'unissent pour la paix et leur défense, sinon par erreur de la part de ceux qui l'admettent (et une fois admis, il ne saurait être gardé dans cette société sans qu'ils s'aperçoivent du danger de leur erreur). Mais nul ne saurait raisonnablement compter sur de telles erreurs comme moyen de sécurité. […] Ainsi, tous les hommes qui ne contribuent pas à sa destruction *<all men that contribute not to his destruction>* l'épargnent seulement par ignorance de ce qui leur est avantageux[3].

La violence du ton est très remarquable, comme on le voit à la fin du passage, qui évoque un groupe social presque unanime, et justifié par le philosophe, à « détruire » tout « insensé » qui envisagerait seulement de ne pas tenir ses promesses, de « rompre » ou de « briser » sa parole, son pacte ou sa foi. Nous sommes dans le registre de la malédiction, voire de l'appel au meurtre collectif – au lynchage. Violer sa foi, rompre son serment, sa promesse ou sa parole sont visiblement aux yeux de Hobbes les crimes suprêmes, qui font sortir les coupables de l'humanité elle-même – crimes

---

1. *Lev*, 14, p. 139 : « la convention que je forme légitimement, je ne peux pas légitimement la rompre » (« *what I lawfully Covenant, I cannot lawfully break* »).
2. *Lev*, 20, p. 208 : « chaque fois qu'un homme promet licitement, c'est illicitement qu'il enfreint » (« *whensoever a man lawfully promiseth, he unlawfully breaketh* »).
3. *Lev*, 15, p. 146-147.

par conséquent impossibles à concevoir en l'homme puisqu'incompatibles avec l'humanité de l'homme[1].

Non seulement en effet Hobbes condamne toujours avec la dernière sévérité le fait de ne pas tenir parole, mais il va même jusqu'à dire que « la loi de nature interdit de violer sa foi » <*the Law of Nature [...] forbiddeth the violation of Faith*>[2]. Or, ce qu'interdit une loi de nature ressemble fort à une impossibilité. C'est pourquoi Hobbes concevra plutôt des pactes illusoires que des pactes rompus. Lorsque l'on passe des conventions sans avoir la légitimité pour le faire (par exemple des conventions par lesquelles on promettrait qu'on ne résistera pas à une violence qu'on nous fera, ou des conventions par lesquelles on s'accuserait soi-même, etc.[3]), on passe des conventions illusoires. Comme dit Hobbes, de telles conventions sont « vides » <*voyd*> ou « nulles » <*null*>[4]. Par une étonnante remontée dans le temps, ou boucle logico-temporelle, la promesse aujourd'hui brisée anéantit la promesse faite hier. Ce qui a eu lieu n'aura pas eu lieu. Les seules rétractations possibles concerneront ainsi les promesses que l'on n'avait pas faites... car les promesses, considérées en elles-mêmes, ne peuvent jamais être « brisées ».

Cette thèse selon laquelle il n'y a pas à considérer des « degrés d'engagement », ou des « degrés de validité » des pactes et des promesses, sauf à ébranler à sa base tout l'édifice politique, pourrait être rapprochée de la critique que Hobbes fait des « degrés de réalité » dans ses *Objections* aux *Méditations* de Descartes :

> Davantage, que Monsieur Descartes considère derechef ce qu'il veut dire par ces mots, *ont plus de réalité*. La réalité reçoit-elle le plus et le moins ? Ou, s'il pense qu'une chose soit plus chose qu'une autre, qu'il considère comment il est possible que cela puisse être expliqué avec toute la clarté et l'évidence qui est requise en une démonstration [...][5].

---

1. Voir Y. Ch. Zarka, *La décision métaphysique de Hobbes*, Paris, Vrin, 1987, partie IV, chap. 3 à 6, sur l'homme comme « être de parole ».
2. *Lev*, 30, p. 358. Au chapitre 15, Hobbes avait défini la troisième loi de nature (la justice), par le fait que « les hommes s'acquittent de leurs conventions, une fois qu'ils les ont passées » <*That Men Performe Their Covenants Made*>.
3. *Lev*, 14, p. 139-140.
4. *Lev*, 14, p. 139 : « une convention par laquelle on s'engage à ne pas se défendre soi-même est nulle » (*A Mans Covenant Not To Defend Himselfe, Is Voyd*). Le terme *null* apparaît *ibid* au § précédent.
5. Hobbes, *Troisièmes Objections* (trad. fr. Clerselier), objection neuvième.

Descartes se montra exaspéré par ces objections de Hobbes. Elles touchaient un point sensible, Hobbes ayant osé se montrer plus radical et plus hyperbolique que Descartes lui-même dans sa conception des choses. Cette même radicalité se retrouve en effet, me semble-t-il, dans la dissymétrie qu'instaure Hobbes entre liberté de promettre et illusoire liberté de se rétracter.

LA QUESTION DU LIBRE ARBITRE
DESCARTES OU HOBBES

PIERRE GUENANCIA

Hobbes et Descartes : la rencontre entre ces deux géants de la pensée philosophique s'est faite, comme on le sait, à l'occasion de la publication des *Méditations* et a donné lieu à un échange d'objections et de réponses, à peu près complètement imperméables les unes aux autres. Plus encore que sur les autres points disputés, les remarques qu'ils s'objectent au sujet du libre arbitre montrent, par leur brièveté même, l'étendue de leur différend et de leur incompréhension mutuelle. « Il faut remarquer, dit Hobbes à propos de la 4ᵉ méditation, que la liberté du franc-arbitre est supposée sans être prouvée, quoique cette supposition soit contraire à l'opinion des calvinistes ». À quoi Descartes répond, résumant en une phrase sa conception de la liberté et de son mode d'attestation :

> Je n'ai rien supposé ou avancé touchant la liberté, que ce que nous ressentons tous les jours en nous-mêmes, et qui est très connu par la lumière naturelle [...] Mais encore que peut-être il y en ait plusieurs qui, lorsqu'ils considèrent la préordination de Dieu, ne peuvent pas comprendre comment notre liberté peut subsister et s'accorder avec elle, il n'y a néanmoins personne qui, se regardant seulement soi-même, ne ressente et n'expérimente que la volonté et la liberté ne sont qu'une même chose, ou plutôt qu'il n'y a point de différence entre ce qui est volontaire et ce qui est libre. Et ce n'est pas ici le lieu d'examiner quelle est en cela l'opinion des calvinistes [1].

---

1. Descartes, *Œuvres philosophiques*, éd. F. Alquié, Paris, Garnier, 1963, t. 2, p. 624.

Il y a pourtant un point, et il n'est pas quelconque, sur lequel les deux philosophes s'accordent, c'est pour affirmer la toute-puissance de Dieu et la pré-détermination de tous les événements du monde et de toutes les pensées des hommes. Dans le fond, quelle différence y a-t-il entre la thèse de Hobbes et celle de Descartes? Celui-ci déclare qu'il n'entre pas la moindre pensée dans l'esprit d'un homme qui n'ait pas été voulue par Dieu, ce qui est la même chose que ce qu'affirme Hobbes sur la nécessité:

> ... toutes les raisons qui prouvent l'existence de Dieu... cause première et immuable de tous les effets qui ne dépendent point du libre arbitre des hommes, prouvent en même façon qu'il est aussi la cause de toutes les actions qui en dépendent. [...] Il est vrai qu'il n'y a que la foi seule qui nous enseigne ce que c'est que la grâce, par laquelle Dieu nous élève à une béatitude surnaturelle; mais la seule philosophie suffit pour connaître qu'il ne saurait entrer la moindre pensée en l'esprit d'un homme, que Dieu ne veuille et ait voulu de toute éternité qu'elle y entrât [1].

Descartes n'oppose donc pas la nécessité à la liberté puisque celle-ci n'empêche pas celle-là. Mais il distingue les deux plans, celui de la nécessité divine, celui du libre arbitre de l'homme. Le problème n'est donc pas: partisan de la liberté contre partisan de la nécessité, mais un seul ordre de compréhension ou bien deux? Y a-t-il place pour une dualité de plans et donc d'explication, ou bien non? On retrouve ici, au moins formellement, la question des trois notions primitives: Y a-t-il place pour une notion propre de l'union, ou seulement deux idées, celle de l'âme et celle du corps?

Cette nécessité affirmée par les deux philosophes découle de l'idée d'un Dieu, d'abord et essentiellement tout-puissant. Là dessus, pas de différence entre l'un et l'autre. La façon dont Hobbes pense la toute puissance de Dieu ressemble beaucoup à celle dont Descartes parle de Dieu et des vérités dans les lettres du printemps 1630. Alors pourquoi le libre arbitre chez Descartes et sa négation par Hobbes, comme le montre le court paragraphe des 3e Objections cité plus haut où Descartes, contre Hobbes, en appelle à l'expérience de chacun au sujet du libre arbitre? Pourquoi la toute-puissance divine interdit-elle le libre arbitre chez Hobbes et se concilie-t-elle avec lui chez Descartes, comme celui-ci tente de le montrer dans la lettre à Elisabeth de janvier 1646 où il se sert de la comparaison avec un roi qui aurait interdit les duels et fait se rencontrer deux hommes dont il

---

1. Lettre de Descartes à Elisabeth du 6 oct. 1645, dans Descartes, *Œuvres philosophiques*, *op. cit.*, t. 3, p. 617 (Leibniz jugeait que Calvin n'avait rien dit de plus dur...).

sait qu'ils ne manqueront pas de se battre [1] ? Cette même idée conduit à deux conclusions différentes, parce que Dieu pour Hobbes n'est que toute-puissance et que les hommes sont ses sujets, alors que pour Descartes, même si Dieu est toute-puissance, l'homme est aussi à l'image de Dieu, et l'empire qu'il a sur ses volontés l'exempte d'être sujet de Dieu. Chez Hobbes il y a réversibilité entre Dieu et la souveraineté : d'où la comparaison de l'État avec un dieu mortel, un dieu dont la toute-puissance est limitée dans la durée et aussi limitée aux actions extérieures des hommes alors que Dieu détermine tout et toujours. Ce que Hobbes récuse dans le libre arbitre, et c'est pourquoi il le rejette alors qu'il admet la liberté et la volonté, c'est que l'homme puisse être la cause radicale de ses actes, de certains de ses actes, qu'il soit comme Dieu, cause première, qu'il décide de faire ou de ne pas faire *sponte sua*, de son propre arbitre, ex nihilo. C'est cela que Descartes pose comme un fait indubitable, sans nier que cette idée est bien contraire à l'idée de la toute puissance de Dieu. La seule solution est de type épistémologique : il faut admettre deux régimes distincts de rationalité, l'un qui s'applique à Dieu, ou à l'infini, l'autre qui s'applique à l'homme, ou au fini. Si on considère Dieu seul, on ne peut que reconnaître à la fois sa liberté absolue et la nécessité absolue de ce qui dépend de lui. Rien ne peut échapper à sa science et à sa puissance. Mais si on considère l'homme (par une sorte d'abstraction légitime) et que l'on s'en tient à ce que chacun constate en lui-même sans avoir besoin de rentrer en lui-même, à ce que chacun éprouve dans l'expérience quotidienne et commune, on ne peut pas ne pas reconnaître son libre arbitre (rien n'est plus clair, rien n'est plus certainement expérimenté). Le respect de la différence d'ordre entre ces deux types de faits (un fait de la raison, un fait d'expérience ou de conscience) procède de la même attitude que celle qui établit la différence entre les trois notions primitives : les deux premières, celle de l'âme et celle du corps, sont connues par l'entendement seul, ou l'entendement aidé de l'imagination dans le cas du corps, par la raison au sens strict, alors que la troisième est connue par les sens et la compréhension ordinaire de la vie, par l'expérience donc, mais ces trois connaissances sont également certaines :

> pour ce qui est du libre arbitre, je confesse qu'en ne pensant qu'à nous-mêmes, nous ne pouvons ne le pas estimer indépendant ; mais lorsque nous

---

1. Je me permets de renvoyer le lecteur à mon commentaire dans *Lire Descartes*, Folio essais, Gallimard, 2000, 2ᵉ partie, chap. v : Dieu, le roi et les sujets. Voir les articles 145 et 146 des *Passions de l'âme* sur la prédétermination des actions des hommes ainsi que les lettres à Elisabeth de septembre et d'octobre 1645.

pensons à la puissance infinie de Dieu, nous ne pouvons ne pas croire que toutes choses dépendent de lui, et, par conséquent, que notre libre arbitre n'en est pas exempt. Car il implique contradiction de dire que Dieu ait crée les hommes de telle nature, que les actions de leur volonté ne dépendent point de la sienne, parce que c'est le même que si l'on disait que sa puissance est tout ensemble finie et infinie : finie puisqu'il y a quelque chose qui n'en dépend point ; et infinie, puisqu'il a pu créer cette chose indépendante. Mais, comme la connaissance de l'existence de Dieu ne nous doit pas empêcher d'être assurés de notre libre arbitre, parce que nous l'expérimentons et le sentons en nous-mêmes, ainsi celle de notre libre arbitre ne nous doit point faire douter de l'existence de Dieu. Car l'indé-pendance que nous expérimentons et sentons en nous, et qui suffit pour rendre nos actions louables ou blâmables, n'est pas incompatible avec une dépendance qui est d'autre nature, selon laquelle toutes choses sont sujettes à Dieu [1].

On peut exprimer autrement la différence entre ces deux plans, en suivant la pensée de Vuillemin : comme différence entre la logique et l'intuition [2]. Pour Hobbes c'est la logique ou l'enchaînement des raisons qui valide le jugement. Pour Descartes le point de départ est une intuition, que la logique ou l'enchaînement déductif valide à sa façon, mais sans s'y substituer. Il y a des faits primitifs qui fonctionnent comme les conditions de la logique. Tandis que chez Hobbes la logique n'est pas conditionnée, elle est seulement conditionnante, elle ne dépend pas de l'acceptation d'une condition d'un autre ordre. Hobbes se place d'un point de vue depuis lequel tous les faits, internes et externes, sont semblablement connus. Nous y reviendrons largement par la suite. Alors que pour Descartes il y a une connaissance propre à des choses particulières, comme celles qui relèvent de l'union de l'âme et du corps, ou du domaine intérieur (mais non pas « privé »), comme le libre arbitre. Aussi quelle que soit l'évidence logique de l'enchaînement des causes dans tous les phénomènes (il n'en est pas un qui ne s'inscrive pas dans une chaîne infinie de causes et d'effets), Descartes fait valoir le droit de l'expérience interne à attester la spontanéité de l'arbitre (absence de contrainte), l'indifférence de la liberté (nous sentons au moment du choix que nous ne sommes pas plus déterminés à choisir A que B), voire même l'universalité de cette expérience (car Descartes dit « nous », les hommes, et pas seulement « Je », ego, comme pour le cogito).

---

1. Lettre de Descartes à Elisabeth du 3 nov. 1645, FA, t. 3, p. 626-627.
2. J. Vuillemin, *Nécessité ou contingence, l'aporie de Diodore et les systèmes philosophiques*, Paris, Les Éditions de Minuit, 1984.

Au contraire pour Hobbes il n'y a qu'un seul régime de production des phénomènes, quels qu'il soient, celui de la série causale : aucune chose ne peut être ou commencer d'exister sans une cause et une série indéfinie de causes antécédentes. Une action volontaire n'est pas celle qui n'aurait pas de cause ou celle dont la cause serait la volonté (ce qui est absurde pour Hobbes), mais celle qui est causée par l'appétit ou la volonté antérieure à la délibération. Ce point est capital chez Hobbes depuis le début de son œuvre, du *Court traité* jusqu'au *De corpore*, en passant bien sûr par sa controverse avec Bramhall[1] et le *Léviathan*, (chap. VI). D'où la conciliation entre liberté et nécessité, mais d'une toute autre façon que chez Descartes qui distingue deux façons de déterminer les phénomènes selon qu'on les rapporte à Dieu et selon qu'on les expérimente en soi-même. Sur le premier plan, nous avons une conception claire et distincte de la détermination nécessaire des phénomènes ; sur le deuxième plan, nous avons aussi une conception claire et distincte de la liberté de l'arbitre, *i.e.* de la possibilité à tout instant de choisir une chose plutôt qu'une autre, ou encore de l'indifférence de notre liberté. D'où l'inversion entre Descartes et Hobbes du rapport entre les appétits et les volontés : pour Hobbes les volontés sont des appétits, autrement dit la volonté n'est pas libre, elle est causée par le dernier appétit dominant : en gros, je veux ce dont j'ai envie, je suis mes inclinations, et ce sont bien là des actions volontaires. Les désirs, les appétits, les volontés sont mis sur le même plan par Hobbes. Ainsi, ce n'est pas parce que je fuis le lion que je crains que cette action n'est pas volontaire : les actions déterminées par les passions sont aussi volontaires que celles qui paraissent plus « libres ». On comprend bien pourquoi cela est si important chez Hobbes : c'est bien parce que les actions déterminées par des passions (la crainte, la rivalité, etc.) sont volontaires que l'assujettissement des hommes à un souverain est source de droit et de légitimité. Ce n'est pas parce que l'on agit sous la contrainte que l'on n'agit pas volontairement, *i.e.* que l'on peut se dispenser d'assumer l'action, ou de s'en faire l'auteur. Librement ne veut donc pas dire pour lui : sans être contraint, mais seulement : sans empêchement extérieur. Il est significatif que les exemples de liberté choisis par Hobbes soient, par exemple, ceux d'un cours d'eau : l'eau coule librement, il n'y a pas de barrage ou d'obstacle à son écoulement. Autrement dit, une action volontaire ne signifie pas une action que l'on aurait eu le choix ou la possibilité de faire ou de ne pas faire, mais une action que l'on doit imputer à son auteur. Ce que récuse Hobbes c'est le concept de liberté du choix, l'idée du libre arbitre (free will). A l'opposé,

---

1. *Lib. N.*, p. 109 notamment.

Descartes, dans *Les Passions de l'âme*, fait des désirs et des appétits des
espèces du genre volonté : « la volonté est tellement libre de sa nature
qu'elle ne peut jamais être contrainte » (art. 41) ; « il n'y a en nous qu'une
seule âme, et cette âme n'a en soi aucune diversité de parties : la même
qui est sensitive est raisonnable, et tous ses appétits sont des volontés »
(art. 47). Il ne faut cependant pas entendre par volontés ici des actes déli-
bérés, procédant d'une délibération rationnelle à la différence des
impulsions du désir ou de l'appétit. Par volontés il faut entendre des actes
qui procèdent de l'âme, et non du corps, distinction rigoureusement établie
dans l'exposition des trois degrés du sens, dans les *Sixièmes réponses*,
(point n° 9) : la sécheresse du gosier n'est pas une volonté, mais une
émotion causée par les esprits animaux, de même que l'émotion qui se fait
sentir dans l'estomac pour signifier la faim. Mais le désir de boire ou de
manger sont des volontés parce qu'il a pour origine l'âme et non le corps.
Les idées ne sont pas des volontés, mais tous les mouvements qui procèdent
de l'âme sont des volontés. D'où l'importance de la spontanéité dans la
caractérisation de la volonté. Est volontaire ce dont la cause ne peut être que
l'âme même. L'acte volontaire (mais y en a-t-il d'autres que volontaires et
qui proviennent de l'âme ?) est le modèle de la création ex nihilo. D'où
l'identité entre volontaire et libre pour Descartes (rappelée dans les
Troisièmes réponses), et leur différence pour Hobbes : un acte peut être
volontaire tout en étant déterminé, ce qui est le cas de toutes choses dans le
monde. Tout ce qui arrive est déterminé par ce qui l'a précédé, par toute la
chaîne causale des choses ou événements précédents.

Il faut donc bien séparer la question de la volonté qui chez Hobbes a une
importance capitale de la question du libre arbitre, rejetée par lui comme
modèle d'absurdité scolastique et théologique (Hobbes range même le
libre arbitre parmi les questions les plus abstruses de la théologie). La
question de la volonté renvoie à celle de l'autorisation, de l'auteur de
l'action (est volontaire l'acte dont un homme peut, ou doit être dit l'auteur,
qu'il l'accepte ou non). Cette imputation ne passe pas par le témoignage de
la conscience, par un appel à l'expérience interne. C'est une détermination
objective, dirait-on de nos jours. La politique chez Hobbes n'est jamais très
loin des questions métaphysiques et même physiques qu'il est amené à
exposer. S'il raisonne mieux en politique qu'en métaphysique, comme l'a
dit Descartes, c'est sans doute parce qu'il aborde celle-ci en pensant aux
conséquences que certaines thèses des philosophes et des théologiens
peuvent produire dans l'esprit des citoyens, par nature déjà peu enclins à
l'obéissance et au respect des obligations liées à leur statut de sujets.

« Cette distinction [entre la causalité de Dieu et celle de l'agent] a été établie pour maintenir la doctrine du libre-vouloir, *i.e.* d'un vouloir humain non assujetti au vouloir divin »[1]. Le fond de la question du libre arbitre n'est-il pas que c'est pour Hobbes une doctrine qui en diminuant la dépendance des hommes à l'égard de ce Dieu tout-puissant sert à amoindrir la dépendance des sujets à l'égard du pouvoir souverain ? La souveraineté ne se divise pas : si l'homme est libre vis-à-vis de Dieu, il le sera encore bien davantage vis-à-vis du souverain et limitera son obéissance au pouvoir du souverain, ce qui, comme on le sait, détruirait le fondement de l'autorité humaine. La signification ultime de la question métaphysique du libre arbitre est peut-être politique : en déliant les hommes de leur sujétion absolue à Dieu, on leur donne des arguments pour les délier encore bien plus de leurs obligations à l'égard du souverain. Car Hobbes conçoit la toute-puissance de Dieu de façon univoque : c'est la puissance des hommes portée à un degré extrême, mais c'est le même type de puissance. La toute-puissance ne change pas la nature de la puissance, elle la porte à son maximum. Alors que chez Descartes, le Dieu qui peut tout, du fait qu'il peut tout, ne mime pas le comportement des hommes qui dominent les autres. D'où la ressemblance de l'homme à Dieu qui ne porte pas atteinte à la majesté et à la toute-puissance de Dieu, mais au contraire la manifeste d'autant plus que Dieu aurait pu maintenir l'homme dans un état de dépendance, pour lui faire sentir sa supériorité. Mais justement Dieu n'est pas comme « un homme superbe » qui veut faire plier les inférieurs et les obliger à lui manifester leur soumission. Comme sa puissance est sans commune mesure avec celle des hommes, elle n'a pas besoin de l'impuissance des hommes pour être assurée d'elle-même. Le libre arbitre, *i.e.*, le non assujettissement des hommes à Dieu, est ce par quoi les hommes rendent le mieux hommage à la toute-puissance de Dieu[2].

Inversement, il est très révélateur de la nature de l'objectif poursuivi par Hobbes dans cette discussion sur la liberté et la nécessité que son dernier argument en faveur de la nécessité soit justement la préservation de la toute-puissance de Dieu sur les hommes. A la fin de sa longue lettre au marquis de Newcastle il écrit ceci : « je pourrais ajouter... l'inconvénient de nier la nécessité, en arguant que c'est ruiner les décrets et la prescience du Dieu Tout-Puissant ; car tout ce que Dieu a pour intention de faire advenir en se servant de l'homme comme instrument, ou tout ce qu'il

---

1. *Lev*, 46, p. 689.
2. Voir la différence entre Dieu et les rois dans la lettre de Janvier 1646, FA, t. 3, p. 633-634.

prévoit comme devant advenir, un homme qui jouirait d'une liberté comme en défend Monseigneur à l'égard de la nécessitation pourrait l'empêcher et faire que ce ne fut pas.... » [1].

C'est ce que, avec la clarté et la force qui le caractérise, écrit Hobbes dans un passage capital du *Léviathan* qu'il faut citer entièrement afin de suivre l'enchaînement déductif qui mène à la conclusion :

> étant donné que tout acte d'une volonté humaine, tout désir et toute inclination procèdent de quelque cause, et celle-ci d'une autre, selon une chaîne continue (dont le premier chaînon est dans la main de Dieu, la première de toutes les causes), ces actions procèdent aussi de la nécessité. C'est pourquoi à celui qui pourrait voir la connexion de ces causes, la nécessité de toutes les actions volontaires des hommes apparaitraient clairement. Et par conséquent Dieu, qui voit et dispose toutes choses, voit aussi que la liberté des hommes dans l'accomplissement de ce qu'ils veulent est accompagnée de la nécessité de faire ce que Dieu veut, rien de plus, rien de moins. En effet, bien que les hommes fassent beaucoup de choses que Dieu n'ordonne pas, et dont par conséquent il n'est pas l'auteur, ils ne peuvent néanmoins avoir pour aucune chose nulle passion ou appétit dont la volonté de Dieu ne soit la cause. Et si la volonté divine ne garantissait pas la nécessité de la volonté de l'homme, et conséquemment de tout ce qui dépend de la volonté de l'homme, la liberté des hommes serait un démenti et un obstacle à la toute-puissance et à la liberté de Dieu [2].

À la différence de Descartes, Hobbes n'ajoute pas à cette conséquence à laquelle conduit nécessairement la raison un fait ou une expérience qui serait d'une autre nature et possédant sa source propre de légitimité, comme celle de la liberté de notre volonté qui peut se porter d'un côté ou d'un autre. Pour lui, cela reviendrait à accepter, contre les règles élémentaires de la logique, deux propositions contradictoires, parce qu'il n'y a qu'un seul régime de la pensée, celui de la raison ou de la logique.

*

La reconnaissance de la liberté comme propriété phénoménale d'un certain type d'actions faites par les hommes s'inscrit dans une orientation de pensée qui est tout à fait opposée à celle qui va dans le sens de la reconnaissance du libre arbitre, *i.e.* de la liberté de l'arbitre. Par liberté

---

1. *De la nécessité et de la liberté*, *op. cit.*, p. 115.
2. *Lev*, 21, p. 223.

Hobbes entend seulement le fait que l'action n'est pas empêchée par une cause extérieure à elle :

> il me paraît qu'on définit correctement la liberté de cette manière : « la liberté est l'absence de tous les empêchements à l'action qui ne sont pas contenus dans la nature et la qualité intrinsèque de l'agent ». Ainsi par ex. on dit que l'eau descend librement... parce qu'il n'y a pas d'empêchement dans ce sens... [1].

C'est une factualité, ce n'est pas une possibilité. Il n'y a donc rien de virtuel dans la liberté, rien qui soit de l'ordre d'un pouvoir, car libre se dit seulement d'une action ou d'un mouvement qui ne rencontre pas d'obstacle dans son déroulement. Hobbes ne rejette ni la liberté ni la volonté, bien au contraire car comment fonder autrement l'obéissance libre et volontaire des sujets au souverain ? – Il rejette l'idée, absurde, d'une volonté libre, d'une volonté qui pourrait être telle ou telle, une situation d'indifférence où l'on pourrait aussi bien vouloir que ne pas vouloir. Les actions que l'on nomme libres (Hobbes ne dit jamais : que l'on éprouve ou que l'on sent, mais seulement : qu'on appelle) ne sont pas d'un autre ordre que celles que l'on nomme contraintes, les unes et les autres sont également nécessaires[2], ce sont pourrait-on dire des manifestations différentes de la nécessité, ou bien de la toute puissance de Dieu sur la nature tout entière. Si la liberté désignait un ordre de choses différent de l'ordre des choses nécessaires, « la liberté des hommes, écrit Hobbes, serait un démenti et un obstacle à la toute-puissance et à la liberté de Dieu »[3]. C'est pourquoi Hobbes substitue au terme général de volonté qui semble désigner un pouvoir permanent de l'homme le terme plus neutre et dénotatif de volitions qui se succèdent dans l'esprit jusqu'à ce que se produise un arrêt sur la dernière, comme le résultat d'un calcul. En appelant volonté seulement la dernière volition, Hobbes coupe la volonté de la liberté de l'arbitre dans lequel elle prend sa source, à chaque fois que se produit un acte volontaire :

> dans toutes les délibérations, *i.e.* dans toute succession alternée d'appétits contraires, le dernier est ce que nous appelons la volonté, et précède immédiatement l'accomplissement de l'action [4].

---

1. *Lib. N.*, p. 108.
2. « Toutes les actions, même celles des agents libres et volontaires, sont nécessaires », *ibid.*, p. 102.
3. *Lev*, 21, p. 223.
4. *Ibid.*, p. 107.

la volonté suit le dernier jugement ou opinion qui précède immédiatement l'action[1].

Il l'inscrit au contraire dans une causalité universelle, qui fait d'elle un phénomène comme un autre. S'il pleut c'est parce qu'il y a eu une accumulation de nuages. Si je veux, c'est aussi parce qu'il y a eu accumulation de petites volitions dont la dernière apparaît comme le résultat de cette chaine de volitions. Les volitions sont considérées comme des faits, des phénomènes, au même titre que des faits et des phénomènes perceptibles à l'extérieur. Il faut donc les expliquer comme on explique des faits, en déroulant la chaîne causale dont ils sont l'aboutissement. Somme arrêtée à un moment de volitions successives dans l'esprit, la volonté ne consiste donc pas en une seule chose et son sujet n'est pas « comme indivisible ». La conscience du choix ou de la décision a la valeur d'une constatation, d'un fait, elle n'est pas la manifestation ou l'expérience indubitable d'un pouvoir propre à l'âme. Cette conscience est perçue comme un fait interne, et non éprouvée comme un acte. J'aperçois ma volonté (*i.e.* telle ou telle volition) comme j'aperçois quelque chose de différent de moi. Comme j'aperçois mes désirs, mes appétits, mes inclinations. Les volitions sont donc des appétits. Elles ne sont pas libres, *i.e.* voulues par différence avec les appétits et les désirs qui, eux, ne seraient pas voulus mais subis. Je constate seulement que je veux faire ceci et non cela comme je constate que je suis gai ou triste à ce moment. Mais je ne peux pas tirer de ce constat ou de cette conscience l'idée au demeurant inintelligible pour Hobbes que ma volonté est la cause originaire de mon acte. Car mon choix, comme toute chose dans le monde, résulte d'une série de causes antécédentes que j'ignore :

> Ce qui nécessite et détermine chaque action ... est la somme de toutes les choses qui, existant maintenant, conduisent et concourent ensuite à la production de cette action, et dont une seule, en venant à manquer, empêcherait que cet effet fût produit. Ce concours de causes, dont chacune est déterminée à être telle qu'elle est par un semblable concours de causes antérieures, peut parfaitement s'appeler (attendu qu'elles furent toutes fixées et ordonnées par la cause éternelle de toutes choses, le Dieu Tout-Puissant) le décret de Dieu[2].

Comme dans le monde il n'y a pas de commencement absolu mais seulement des petits commencements, et comme aucune chose *i.e.* aucun corps n'est isolé de tous les autres qui forme le monde à l'état actuel, je ne

---

1. *Ibid.*, p. 99.
2. *Lib. N.*, p. 64.

peux que constater que je fais le choix de ceci et non de cela, mais je ne pourrai pas rapporter mon choix aux causes qui l'ont déterminé. Il y a donc bien distinction entre le choix ou l'action volontaire d'une part et le choix ou l'action involontaire d'autre part, mais les deux sont également déterminés à se produire tels qu'ils se produisent. Libre ne peut se dire ni du fait de vouloir ni du fait de ne pas vouloir. Une cause est toujours aussi l'effet d'une cause antécédente ; l'idée d'une première cause ou d'une création du monde à partir de rien, doit sans doute être acceptée puisque c'est l'idée même de Dieu, mais elle ne peut même pas être conçue. Ce n'est même pas une idée. Mais l'idée d'une réplique de cette première cause dans le monde créé par Dieu est une absurdité. Car dans ce monde il n'y a que des corps, et des mouvements corporels. Les objections de Hobbes à Descartes ne laissent aucun doute là dessus : l'âme est une chose pensante, soit, personne ne dit le contraire, mais cette chose est un corps, et l'esprit une partie de ce corps. Tout se tient : la nature corporelle de l'être ou de la substance ; la dépendance causale de toutes les choses qui composent le monde ; l'absurdité du libre arbitre, bien qu'il y ait un sens à dire libre une action, par opposition avec une action empêchée. Exemple : la liberté d'un cours d'eau...

Il y a bien une différence entre volontaire et libre : entre reconnaître une action comme sienne et croire qu'il dépendait de nous de la faire ou de ne pas la faire. Une définition juridique de la liberté peut se limiter à la reconnaissance de l'imputation causale. Est libre l'agent à qui l'on peut imputer la responsabilité de l'action. Quant à savoir s'il aurait pu ne pas faire l'action qui lui est imputée, si l'événement de celle-ci n'est pas contenu dans l'ordre entier de la nature, cette question déborde le strict champ de la responsabilité juridique. Elle est donc métaphysique, *i.e.* hors de la portée de l'entendement. Pourquoi ? Parce que l'entendement ne peut connaître au moyen de la relation de causalité que les phénomènes qui se déroulent dans le temps, même dans ce temps mathématique composé de points sur une ligne. On voit bien que l'hypothèse implicite de ce type de raisonnement est le caractère de complexité des phénomènes auxquels nous avons affaire, leur appartenance à un ordre global de choses dans lequel aucune chose ne peut être indépendante des autres choses, être l'origine absolue d'une série d'événements ou d'actions :

> il me paraît que rien ne prend son départ de soi-même, mais toujours de l'action de quelque autre agent immédiatement à l'extérieur de soi [...] les

actions volontaires ont toutes des causes nécessaires et, par conséquent, sont accomplies par nécessité [1].

L'analyse de la délibération (point très important chez Hobbes plus que chez Descartes qui ramène le processus de la délibération au moment ou à l'instant du choix : « au moment que la volonté en délibère » [2]) montre la continuité entre la dernière volition et la chaîne des motifs ou des causes alternant dans l'esprit de celui qui a à faire un choix. A la limite, la délibération (qui met un terme à l'alternance des raisons pour ou contre) apparaît comme un calcul : la dernière volition est le résultat de la série alternée des raisons pour ou contre qui se succèdent dans l'esprit jusqu'à ce que se produise la délibération qui met fin à cette sorte de pesée ou d'estimation des raisons pour ou contre. L'acte de la volonté ressemble au résultat d'un calcul, la décision s'apparente à la solution d'un problème. L'aspect volontaire est recouvert par l'aspect rationnel. La volonté est inclinée dans le sens du motif le plus puissant, comme un corps en entraine un autre dans le choc. On passe par une transition continue des raisons à l'action, des motifs à la décision. Le sujet semble ne faire que constater ce passage des raisons prévalentes à l'action. On parle d'expérience de la liberté quand on n'aperçoit pas les causes d'où procède l'action :

> quand nous voyons et connaissons la force qui nous pousse, nous reconnaissons la nécessité, alors que, quand nous ne voyons ni ne reconnaissons cette force qui nous pousse, nous pensons qu'il n'y en a pas et que ce ne sont pas des causes mais la liberté qui produit l'action [3].

Telle est à grands traits résumée la conception de Hobbes. Tournons-nous maintenant vers Descartes. La question est donc celle de la situation de l'agent ou du sujet dans l'univers : est-il inscrit dans l'univers et en relation avec tout ce qui est, avec quoi il interagit ? Est-il au contraire, au moins à certains moments, l'origine première et sans antécédent de l'action qu'il entreprend ? Le libre arbitre c'est l'idée que le choix n'est déterminé par rien d'autre que par la volonté libre de l'agent lui-même, qu'il agit par lui-même et non sous l'effet d'autres causes que lui. Mais qui est ce soi de l'agent ? car ce n'est pas parce que l'agent choisit par lui-même et qu'il est tenu pour la cause première de son action qu'il n'a pas d'abord conçu comme possible l'action qu'il a choisi d'entreprendre, qu'il n'y a pas de raisons qui l'inclinent à choisir ceci plutôt que cela. Au contraire, il y a des

---

1. *Lib. N.*, p. 109.
2. *Méditation quatrième*, FA, t. 2, p. 464 (AT, IX-1, p. 47).
3. *Lib. N.*, p. 94.

raisons, avant toute délibération, avant tout choix : elles se présentent à l'esprit de celui qui a à faire un choix. Il y en a même un peu trop en général. Le choix serait plus facile (mais non pas plus libre) s'il y avait moins de raisons concourantes, s'il n'y en avait qu'une. Paradoxalement, c'est lorsque nous n'avons pas le choix entre plusieurs raisons, que le choix est le plus facile à faire car choix ne veut pas dire indétermination ou conflit entre plusieurs options, choix signifie seulement l'action du sujet lui-même, au lieu d'un simple mécanisme de transmission. L'action est irréductible à la raison, elle n'est pas déductible de la raison même si elle en dépend. Le libre arbitre veut dire qu'il y a un saut entre la raison et l'action, si facile que soit la transition entre les deux, et que le déclenchement de l'action est le fait de l'agent lui-même et non de la raison qu'il a suivie. De ce mouvement qui est à l'origine de l'action il n'y a pas, par définition, de cause anté-cédente. Être la cause libre de ses actions, c'est en être l'origine ex nihilo. Je dis bien : en tant qu'action, ce moment où le virtuel devient actuel, non par l'effet d'une poussée, mais du seul fait du vouloir de l'agent. C'est cela qui peut paraître incompréhensible : la création ex nihilo qui suppose que celui qui agit, qui instaure un ordre de choses nouveau, ne dépend pas d'un ordre de choses plus grand, qu'il agit *sponte sua*. Sa volonté agit comme le prin-cipe ou la cause de son action. Il y a bien sûr d'autres causes que la volonté mais elles s'appliquent à des choses qui ne sont pas de l'ordre de la volonté. Je suis déterminé par les besoins, par mon état social, par mon éducation ; tout cela me détermine à vouloir tel ou tel type de choses, de telle ou de telle façon. Mais c'est de la même manière que selon Descartes les représen-tations de l'entendement inclinent la volonté à aller d'un côté plutôt qu'un autre. Mais l'acte volontaire, le choix, est celui que fait l'agent, ou l'arbitre, librement *i.e.* par lui-même. Les causes matérielles, sociales, sont des causes complexes parce que entremêlées, enchevêtrées ; une cause volon-taire est ponctuelle et simple : ce sont des causes de nature différente, les unes sont des ensembles de causes, complexes et pour une bonne part inconnues, les autres sont des événements simples, qui se consument dans l'acte même de la volonté.

Une décision peut mûrir longtemps sans forcément être aperçue, mais lorsque il y a décision, c'est un acte simple et instantané qui succède à un processus long et complexe. Affirmer/nier : c'est binaire, et instantané. Ce n'est pas un processus, c'est une élection. La volonté est infinie parce qu'elle n'est pas divisible, elle est tout entière ou elle n'est pas. Elle ne peut donc pas être précédée par une chose qui la causerait, car la raison qui la précède ne la détermine pas à vouloir ou à ne pas vouloir. C'est la volonté qui se détermine en fonction de ce que l'entendement connaît. Si cet acte n'est pas celui de la volonté, à l'exclusion de tout autre faculté, alors inutile de parler de volonté. Considérée comme un pouvoir propre de l'âme ou de l'esprit, la volonté ne peut pas être morcelée, c'est un acte unique et simple, indéfiniment répétable; un acte qui ne laisse pas de trace derrière lui, justement parce qu'il est instantané et « ne consiste qu'en une seule chose » (méditation quatrième). Alors que l'entendement a besoin de temps, que les idées peuvent être analysées et décomposées en idées plus simples et originaires, la volonté s'allume ou s'éteint, comme une ampoule électrique. Elle ne progresse pas d'un minimum à un maximum, ne franchit pas des degrés. Elle n'a donc pas de cause qui la précède, elle ne peut qu'être cause d'elle-même, différant fondamentalement de tous les phénomènes et des faits que l'on peut observer et décrire dans la nature. Elle ne forme pas un empire dans un empire, comme l'a dit Spinoza pour critiquer cette conception, elle forme plutôt un empire distinct de l'empire de la nature.

Jamais plus que dans l'acte volontaire, le sujet n'apparaît plus claire-ment à lui-même comme seule cause de son acte (et disparaît au contraire dans l'enchaînement des causes dans lequel ses actions sont prises). Ce que l'on sent lorsque l'on veut librement (mais si l'on veut vraiment, on veut librement), c'est que le choix ou la décision ne dépend que de nous, *i.e.* de la liberté de notre arbitre. Il y a donc une différence fondamentale entre l'entendement et la volonté (alors qu'il n'y en a pas pour Hobbes). Les idées, quoique modes de ma pensée, me représentent des choses variées, des autres hommes et aussi moi-même. Mais l'idée de mon être est une idée comme une autre, une idée parmi d'autres, elle ne fait que désigner la chose dont elle est l'idée. Alors que lorsqu'il est question de la volonté ou du libre arbitre, le sujet s'apparaît à lui-même comme une réalité tout à fait singu-lière dans l'univers rempli par toutes ces choses (lui-même compris) dont il a les idées en lui. Le type d'acte qu'il effectue en affirmant ou en niant, en poursuivant ou en fuyant, personne ne peut le contrefaire, son existence de sujet est à ce moment affirmée par l'acte même qu'il a conscience d'accomplir sans être poussé par une cause ou une force extérieure.

Chez Descartes aussi, les motifs rationnels pèsent sur la volonté et l'entrainent avec facilité dans le sens du vrai ou du bien. D'une grande clarté dans l'entendement suit une grande propension dans la volonté. Là aussi semble-t-il la transition est facile, le choix semble se faire de lui-même. Mais la volonté inclinée par les raisons n'est pas pour autant déter-minée par elles. De même, les mouvements qui se font dans le corps inclinent l'âme à vouloir ou désirer les objets que ces mouvements l'incitent à rechercher. Mais c'est l'âme, *i.e.* la volonté, qui se porte vers eux, car « tous ses appétits sont des volontés » [1]. Cela ne veut pas dire que la volonté est plus forte que l'entendement, ou que l'âme est plus forte que le corps, il faudrait qu'il y ait pour cela une mesure commune, une proportion entre les deux facultés ou les deux substances, cela signifie que le passage à l'acte ou à l'action qui caractérise l'action volontaire ou libre ne peut être que le fait du vouloir. En se décidant à agir dans le sens que l'entendement lui présente comme vrai ou bien (ou en se portant vers les objets que les images produites dans le cerveau lui recommandent comme bons), le sujet cartésien fait siennes les raisons que son entendement lui représente : c'est alors seulement qu'il se découvre comme sujet, c'est à ce moment qu'il use de la puissance de choisir, ou de son libre arbitre. Tant qu'il n'a pas fait en lui-même l'épreuve ou l'expérience du libre arbitre, *i.e.* de la puissance de choisir une chose plutôt qu'une autre, il ne se connaît pas encore comme un sujet en première personne. C'est pour cela que, si facile que soit la transition qui mène de la perception, qui est l'opération propre de l'entendement, à l'affirmation (ou négation) qui est le fait propre du vouloir, il y a changement de plan dans le passage de l'idée à l'affirmation. Il y a solution de continuité de l'entendement à la volonté, c'est pour cela qu'il y a erreur et faute, la volonté n'est pas la terminaison d'une série continue de délibérations mais un point de départ radical, absolu. Car les raisons qui éclairent et guident l'esprit ne le font pas par elles-mêmes vouloir. C'est l'esprit qui se détermine par lui-même à vouloir ce que l'entendement lui représente. Ce moment où il se détermine (le moment de la résolution) à vouloir est, si l'on peut se servir de ce mot ici, originaire. Il ne dépend pas de ce qui l'a précédé, une consécution n'est pas une connexion.

Cet acte originaire qu'est l'acte de vouloir une chose plutôt qu'une autre, d'affirmer ou de nier, de poursuivre ou de fuir, suppose l'indépendance de l'homme par rapport à la nature considérée comme la totalité des choses existantes. Certes l'homme fait partie de la nature créée par Dieu et à ce titre on ne peut pas le considérer tout seul, comme s'il n'y avait que lui au monde et qu'il dût à ce titre recevoir un maximum de perfections. Et même si Descartes ne paraît pas avoir conçu une causalité universelle en réseau comme Pascal, Hobbes ou Spinoza, mais une causalité seulement transitive, il a, peut-être davantage encore que les autres philosophes de son temps, affirmé la nécessité qui régit les créatures finies de l'univers, souligné l'empire de la Providence, l'infaillibilité de la prescience divine, en des termes bien connus, et il l'a affirmée en même temps que l'existence du

---

1. *Les passions de l'âme*, art. 47.

libre arbitre, et le caractère indubitable de l'expérience que l'on en fait. Mais il y a aussi chez lui le souci de préserver ce qu'en termes pascaliens on appellerait une différence d'ordres, ou la pluralité irréductible des points de vue. L'indépendance du libre arbitre est d'un autre ordre que la dépendance absolue de l'homme créature de Dieu. Pourquoi un autre ordre ? Parce que cette indépendance que nous éprouvons, de façon différenciée d'ailleurs, dans l'expérience de l'indifférence, dans la reconnaissance de la vérité ou dans la générosité, n'est pas séparable de la conscience de nous-mêmes.

Cela ne revient pas à dire que le cœur a ses raisons que la raison ne connaît pas, ou que la voix de la conscience parle une autre langue que celle de la raison. Rien de tel n'est possible dans la philosophie de Descartes, fondée sur les idées claires et distinctes et sur l'unité absolue de l'âme. La prise en compte de ce que nous appellerions l'expérience subjective de soi dans l'expérience du cogito, dans celle du libre arbitre et celle de l'union de l'âme et du corps [1] est bien ce qui distingue Descartes de Hobbes qui s'en tient au seul point de vue de la connaissance objective et scientifique du soi. Dans cette perspective, ce que le sujet éprouve en lui-même et dont il est plus certain que ce qu'il voit de ses yeux [2] est ravalé au rang d'épiphénomène, pur apparaître qui se détache comme de la vapeur d'un mécanisme de production auquel le savant va demander la raison et même le sens de ce que le sujet prend illusoirement comme un fait subjectif, qui n'est pas pour lui la réfraction d'un fait objectif mais un fait d'une nature et d'une signification irréductibles à celle d'un fait que l'on explique causalement. Pour Hobbes, les volitions sont des événements au même titre que les événements atmosphériques : ils s'expliquent ou pourraient être expliqués par la considération des forces qui s'exercent sur l'individu et le poussent à désirer à tel moment ceci plutôt que cela. Aussi Hobbes recourt-il, afin de rendre compte du mouvement incessant du désir, de son intensité croissante et décroissante ainsi que de la multiplicité indéfinie des choses auxquels il se porte, à un modèle, avant la lettre, d'analyse infinitésimale pour montrer que l'activité désirante ne cesse jamais, qu'il n'y a pas de vide

1. J'ai développé cette question dans le chapitre intitulé : «Les fonctions de l'expérience », in *Descartes chemin faisant*, Paris, Encre marine, 2010, chap. 2, p. 57-84.

2. Rappelons ce magnifique passage de la Lettre à Silhon de mars ou avril 1648 où Descartes évoque le cogito par analogie avec ladite connaissance sensible : « une connaissance première, gratuite, certaine, et que nous touchons de l'esprit avec plus de confiance que nous n'en donnons au rapport de nos yeux. Ne m'avouerez-vous pas que vous êtes moins assuré de la présence des objets que vous voyez, que de la vérité de cette proposition : *Je pense, donc je suis ?* Or cette connaissance n'est point un ouvrage de votre raisonnement, ni une instruction que vos maîtres vous aient donnée : votre esprit la voit, la sent et la manie … » (FA, t. 3, p. 848).

entre les appétits ou les volitions. Aux yeux de Hobbes, nous sommes tous des machines désirantes, un désir n'a pas encore fini de nous titiller qu'un autre prend sa place, et ainsi de suite. Un acte volontaire est autant un début d'action que la fin d'une autre. Se répondent sur le plan épistémologique la continuité du temps et l'enchevêtrement causal. Impossible donc d'accorder à Descartes que « la volonté consiste seulement en ce que nous pouvons faire une chose ou ne la faire pas » (méditation quatrième). Aux yeux de Hobbes, une telle définition revient à sectionner l'acte volontaire à sa racine, à couper la volonté des causes qui l'ont engendrée, ce qui est contraire à toute explication scientifique des phénomènes. Encore une fois, la connaissance des phénomènes, internes ou externes, consiste à en montrer la dépendance par rapport à leurs causes prochaines. De ce point de vue, la distance entre les actions, ou mieux les actes, et les phénomènes est aussi petite que possible.

Or, si les idées de l'entendement peuvent être décrites et analysées comme s'il s'agissait de choses mentales, il n'en est pas de même pour Descartes de nos volontés, qui sont des actes et non des faits. Cette différence qui est fondamentale, car c'est celle de la passion et de l'action, implique une différence dans l'approche et l'identification des phénomènes qui ressortissent à ces deux ordres de choses. S'il est absurde de demander des preuves du libre arbitre, ce n'est pas en raison de son caractère ineffable, mais parce que c'est une notion première ou simple et que, comme l'union de l'âme et du corps, nous l'expérimentons tous les jours avec la plus grande évidence possible. En ce sens là, le libre arbitre est bien un fait, mais un fait pour la conscience, ou un fait de conscience. Le sujet n'expérimente pas avec le libre arbitre quelque chose d'extérieur à lui, ni même quelque chose de différent de lui. La capacité ou le pouvoir de choisir à tout moment une chose plutôt qu'une autre ne peut pas plus être mise en doute que l'existence d'une chose qui pense, pendant le temps où elle pense. Le libre arbitre n'ajoute d'ailleurs pas quelque chose à la définition d'une chose qui pense, l'écart entre les deux propriétés étant dû seulement à la temporalité de la méthode[1]. Il demeure cependant vrai que la définition de la chose qui pense dans la deuxième méditation comme « chose qui doute, qui conçoit, qui affirme, qui nie, qui veut, qui ne veut pas, qui imagine aussi, et qui sent », est de nature extensive, comme l'est une énumération, alors que l'expérience que je fais de l'étendue indéfinie de

---

1. À propos de l'expérience de la liberté et de celle du cogito, Thierry Gontier dit justement qu'elles ne sont « en réalité qu'une seule et même expérience », *Descartes et la causa sui*, Paris, Vrin, 2005, p. 163.

mon libre arbitre est pour ainsi dire complète, et ne se décline pas de différentes façons. Douter, concevoir, vouloir, sentir sont des modes ou des attributs de ma pensée. C'est moi qui doute, qui entends, qui désire, etc., je suis le même (*idem*) qui sens... Mais ce je ou ce moi, au niveau de la deuxième méditation, a-t-il ici une autre fonction que celle de personnifier l'unité du «Je pense», en termes kantiens l'unité originaire de l'aperception? Alors que le moi ou plutôt le soi découvert dans l'expérience du libre arbitre est l'unité sans diversité d'un principe ou d'un pouvoir identique à lui-même, il est *lui-même* plus qu'il n'est *le même*[1].

Paradoxalement, l'expérience du libre arbitre que le sujet semble avoir toujours faite et qui se connaît sans preuve («Que la liberté de notre volonté se connaît sans preuve, par la seule expérience que nous en avons»[2]) comporte une dimension de réflexivité qui l'accompagne peut-être plus constamment à ce titre plutôt qu'à titre de chose qui pense, qui doute, etc. La réflexion que l'on fait sur le libre arbitre n'est pas la prise de conscience décalée d'une expérience immédiate et certaine, cette expérience se donne sous la forme d'une réflexion, et non pas d'une intuition ineffable ou d'une donnée obscure réfractaire à l'entendement. Il y a semble-t-il dans tous les textes où Descartes en parle (d'une façon très semblable d'ailleurs) comme une jouissance de l'esprit qui découvre en lui ce pouvoir qui le constitue comme être libre. Cette jouissance ou cette joie est davantage de l'ordre d'une émotion intérieure que de l'ordre d'une passion, encore que c'en soit une sous la forme de la générosité[3]. Autre différence: une fois acquise la connaissance de ma nature comme celle d'une chose qui pense, elle sert de fondement pour des connaissances ultérieures, elle est mémorisable et je peux m'y référer comme à un souvenir d'évidence lorsque je n'ai pas besoin d'en faire un usage actuel. La connaissance du libre arbitre ne paraît pas être de l'ordre d'une acquisition, d'une possession. Elle se réitère autant de fois sans doute qu'on le veut, mais ici chaque fois est une nouvelle fois (*ibid.*, art. 161), et comme le libre arbitre n'est connu qu'en tant qu'il est éprouvé, *i.e.* exercé, il ne peut être compris que comme une création continuée, il a aussi l'unité ou l'indivisibilité temporelle de l'instant et non celles d'une durée continue comme chez Bergson. Comme l'écrit

---

1. F. Alquié l'a bien souligné: «Qu'est en effet ce libre arbitre qu'il s'agit d'attester, sinon précisément nous-mêmes?» «C'est en tant que je suis libre que je suis un moi», *La découverte métaphysique de l'homme chez Descartes*, 1950, 1987 2ᵉ éd., P.U.F., p. 293 et p. 298.

2. C'est le titre de l'art. 39 des *Principes de la philosophie*, I, [*libertatem arbitrii esse per se notam*].

3. Cf. *Passions de l'âme*, art. 160.

justement J. Vuillemin [1], « la prise de conscience de l'arbitre enveloppe un atomisme du temps ». La conclusion à laquelle nous parvenons au terme de cette confrontation est que l'opposition entre les systèmes de la nécessité et ceux de la contingence dont Hobbes et Descartes sont les illustres représentants modernes repose sur l'acceptation ou le refus d'un mode d'être subjectif qui n'a rien d'inintelligible, bien au contraire car il n'y a rien de plus clair en nous, mais qui ne peut par essence tomber sous le coup de la méthode objective et scientifique. À regarder (de très haut) les choses aujourd'hui, c'est le point de vue de Hobbes bien plus que celui de Descartes que les sciences de l'homme paraissent avoir adopté.

---

1. *Nécessité ou contingence, l'aporie de Diodore et les systèmes philosophiques, op. cit.*, p. 394.

PENSER L'ACTION LIBRE
CUDWORTH CONTRE HOBBES

YVES CHARLES ZARKA

La théorie de l'action est une pièce centrale de la pensée philosophique de Ralph Cudworth (1617-1688). C'est en effet en elle que se joue la double opération fondamentale de cette pensée : renversement du matérialisme nécessitariste et, corrélativement, rétablissement de l'idée véritable du système intelligible de l'univers. Le problème de l'action concerne, chez Cudworth, aussi bien sa doctrine physique que sa doctrine morale. Elle engage donc la théorie de l'être et de la valeur.

Le point de départ de la démarche de Cudworth peut se ramener aux deux principes suivants :

1) Le matérialisme est lié au nécessitarisme. Cette liaison est d'autant plus forte que le matérialisme est plus radical. L'exemple extrême est évidemment celui de Hobbes qui déduit de son ontologie matérialiste une conception de l'action physique comme mouvement local nécessaire et qui tente d'appliquer cette définition à l'action humaine.

2) La conception de l'action qui résulte du nécessitarisme est irrecevable, parce que ce que le nécessitarisme croit penser sous le terme d'action n'est que de l'ordre de l'effet, de la passion, et nullement de l'ordre de l'action. Le nécessitarisme substitue à une véritable théorie de l'action une conception du résultat de l'action : l'effet.

L'enjeu de ces deux principes revient donc à cette thèse : il est impossible de fonder une théorie matérialiste de l'action. Parler d'action cela implique, tant au plan physique qu'au plan moral, que l'on suppose l'existence de quelque chose d'autre que la matière : une substance spirituelle (en un sens non cartésien). On voit donc l'intérêt de l'examen des positions de Cudworth par rapport aux autres grandes pensées de l'action du XVIIe siècle : Hobbes et Spinoza, d'un côté, Leibniz, de l'autre[1].

Cependant l'auteur auquel Cudworth adresse le plus directement ses critiques, celui contre lequel il forge les termes de sa théorie de l'action, est Hobbes. Le *True Intellectual System of the Universe*[2] et le *Treatise of Freewill*[3] ont à leur origine un effort intellectuel pour renverser la thèse centrale de Hobbes dans *Of Liberty and Necessity*[4], à savoir la doctrine de la nécessité absolue. Cudworth déclarait lui-même dès les premières lignes de la préface du *True Intellectual System of the Universe* que son intention initiale était de critiquer la doctrine de la nécessité fatale de toutes les actions et de tous les événements.

Comme le traité *Of Liberty and Necessity* de Hobbes est un traité de l'action dont l'objectif principal est d'étendre à tout ce qui existe et, en particulier, à la volonté humaine la nécessité absolue qui règne dans l'univers des corps, le rétablissement d'une véritable théorie de l'action est sans doute, dans l'esprit de Cudworth, le plus sûr moyen de s'opposer au matérialisme en rétablissant la primauté de l'esprit sur le corps.

Je disais, il y a un instant, que la théorie de l'action engageait la théorie de l'être et de la valeur de Cudworth. Il ne faudrait pas en conclure que celui-ci oppose une ontopraxie à l'ontologie matérialiste. L'action ne définit, ni ne limite l'être : la matière par exemple existe, bien que, en elle-même, elle soit inactive et inerte. En revanche, les modalités de l'action permettent de distinguer les niveaux de l'être dans la chaîne hiérarchique des êtres qui constitue l'univers.

Pour mettre en évidence les implications de la pensée de l'action de Cudworth, j'examinerai trois points : 1) La critériopraxie : l'action et les niveaux de l'être ; 2) l'impossibilité d'une théorie matérialiste de l'action :

---

1. Nous reprenons sous un nouvel éclairage les résultats auxquels nous étions parvenus dans nos travaux antérieurs sur Cudworth.

2. The True Intellectual System of the Universe, Londres, 1678.

3. *A Treatise of Freewill* est un manuscrit édité pour la première fois par John Allen, Londres, 1838, réimpression, Hildesheim / New York, Olms, 1979. Il existe également un autre texte de Cudworth publié de manière posthume, *A Treatise Concerning Eternal and Immutable Morality*, New York et Londres, Garland Publishing, 1976. Une nouvelle édition anglaise des deux écrits, réalisée par Sarah Hutton, vient de paraître : Cambridge University Press, 1996. Nous disposons d'une traduction parfaitement fiable des deux textes, accompagnée de notes indispensables à la compréhension de la pensée de Cudworth, réalisée par J.-L. Breteau : Ralph Cudworth, *Traité de Morale et Traité du libre arbitre*, Paris, P.U.F., 1995. Les réferences seront données à la traduction française.

4. *Of Liberty and Necessity*, traduction sous le titre *De la liberté et de la nécessité*, édition de F. Lessay, Œuvres XI-1, Paris, Vrin, 1993.

critique de la théorie hobbesienne de l'action; 3) l'action libre: valeurs éternelles et auto-détermination.

LA CRITÉRIOPRAXIE : L'ACTION ET LES NIVEAUX DE L'ÊTRE

Les niveaux de l'être se définissent en fonction de leurs rapports à l'action. Pour comprendre l'ontologie de Cudworth, il faut la replacer dans la perspective où elle s'est elle-même située : celle d'un triple rejet et d'un retour paradoxal. Le triple rejet concerne 1) l'ontologie matérialiste de Hobbes, 2) le dualisme cartésien, 3) la distinction aristotélicienne de la matière et de la forme. Le retour paradoxal concerne l'atomisme ancien.

1) Je n'insisterai pas ici sur la critique de l'ontologie matérialiste de Hobbes, parce qu'elle constitue la pièce essentielle de la seconde partie de cette étude.

2) En revanche, il faut insister sur la critique du dualisme cartésien parce qu'il touche à la question de l'action. Dans le *True Intellectual System of the Universe*[1], Cudworth souligne que pour un philosophe récent (Descartes, bien entendu) il n'est pas possible de concevoir d'action distincte du mouvement local qui ne doive être attribuée à une pensée consciente : *expressly conscious cogitation*. Or ce dualisme de l'étendue et de la pensée a pour défaut majeur d'exclure le lieu ontologique où se pose prioritairement la question de l'action : celui des degrés inférieurs de l'être qui définissent la vie plastique de la nature. En effet, l'action ne concerne pas seulement les êtres conscients d'eux-mêmes et présents à eux-mêmes, mais également les êtres qui agissent en vertu d'une énergie vitale. Sans être pleinement présente à elle-même, cette énergie vitale est néanmoins accompagnée d'imagination, voire même d'une forme obscure de pensée. Le dualisme cartésien manque ainsi, selon Cudworth, cet élement central qu'est l'auto-activité ou la spontanéité présente dans la nature et, en parti-culier, dans la vie animale. A la distinction entre la pensée et l'étendue, il convient de substituer la distinction entre l'extension douée d'antitypie ou de résistance et la vie plastique de la nature douée d'auto-activité, *self-activity*. L'action qui ne relève pas uniquement du mouvement local doit donc d'abord être rapportée à la vie, à l'énergie plastique de la nature.

3) Cudworth rejette également le couple aristotélicien matière/forme. Dans le chapitre I du *True Intellectual System of the Universe*, il montre que l'idée scolastique de forme substantielle, qui résulte du couple

---

1. *The True Intellectual System of the Universe*, *op. cit.*, chap. III, p. 159.

aristotélicien, ainsi que l'idée de qualités existant dans les corps hors de nous sont parfaitement inintelligibles. La distinction entre matière et forme non seulement ne permet pas de rendre compte des corps mais, en outre, compromet l'idée de substance incorporelle, parce qu'elle entraîne une confusion entre le corporel et l'incorporel. Cette confusion interdit de penser l'action.

Tel est donc le triple rejet, mais l'ontologie de Cudworth suppose également un retour paradoxal à l'atomisme ancien. Pourquoi ce retour est-il paradoxal? Parce qu'il consiste à reprendre une des versions du matérialisme antique. Il y a en effet selon Cudworth une bonne forme et une mauvaise forme du matérialisme antique. Le matérialisme antique a eu raison lorsqu'il s'est agit pour lui de définir le monde des corps, en revanche, il a eu tort lorsqu'il a voulu réduire tout l'être au mouvement des atomes. Dans son aspect positif, l'ancienne philosophie des atomes a permis de sauver les phénomènes en fournissant une conception du corps comme chose étendue et impénétrable qui comporte grandeur, figure, position, et en ramenant toute action physique au mouvement local à l'exclusion de tout pouvoir auto-moteur (*self-moving power*) ou de toute spontanéité. Cependant ramener ainsi toute action au mouvement local revient à dire, selon Cudworth, que toute action d'un corps est l'autre face d'une passion. Le corps n'agit que dans la mesure où il est agi. Il ne dispose en lui-même d'aucune force susceptible de le mettre spontanément en mouvement. C'est pourquoi, s'il n'existait qu'un univers matériel tout serait éternellement en repos. L'antitypie ou résistance propre d'un corps qui le rend impénétrable relève plutôt d'une passivité que d'une activité. Elle tient à ce que le corps existe tout entier en extériorité: sa propriété essentielle est l'extériorité de ses parties les unes par rapport aux autres.

Pour passer de la passivité du monde des corps à l'activité, il faut concevoir une substance incorporelle à laquelle conduit indirectement l'atomisme bien conçu: d'une part, parce qu'en donnant une idée claire du corps, l'atomisme ouvre la voie à une définition non équivoque de l'incorporel, d'autre part, parce que la passivité des corps exige pour rendre compte du mouvement local qui s'y trouve de concevoir un premier moteur qui possède un pouvoir auto-actif, c'est-à-dire un être doué de spontanéité. C'est cette auto-activité interne qui définit la substance incorporelle ou immatérielle chez Cudworth. Le second niveau de l'être correspond donc à la vie plastique de la nature, celle-ci comporte elle-même des degrés selon que l'activité en question est plus ou moins réfléchie, plus ou moins consciente d'elle-même. C'est au niveau des natures plastiques qu'il est possible de définir une substance simple par opposition aux substances corporelles qui ne sont que des agrégations. Cette substance simple, Cudworth l'appelle monade[1].

A côté du corps impénétrable et divisible, il y a donc un autre type de réalité douée d'une extension incorporelle, pénétrable et indivisible. Cependant, Cudworth est amené par là même à rétablir une sorte de dualisme (non cartésien) qui emploie parfois le langage de l'occasionnalisme pour parler des rapports entre l'âme et le corps. Ansi dans le *True Intellectual System of the Universe*[2], il est dit que les pensées humaines sont occasionnées par l'action des objets extérieurs sur les sens.

L'auto-activité qui définit la nature plastique n'implique pas une sortie de l'ordre de la nécessité. L'auto-activité de tout ce qui ne se réduit pas au corps ne signifie nullement que la liberté soit étendue jusqu'aux formes inférieures de la vie. Cette conception de l'auto-activité de la nature plastique a trois fonctions : 1) éviter une conception du monde où les événements se dérouleraient par hasard ; 2) éviter de concevoir Dieu comme intervenant constamment dans le monde ; 3) penser la nature comme traversée par une finalité immanente.

Si l'auto-activité permet de donner une définition vitaliste de la nature, une modalité supérieure de l'action rend possible une définition de la place de l'homme dans la hiérarchie naturelle des êtres : l'auto-détermination. Il s'agit d'un concept central du *Traité du libre arbitre* qui entend établir au niveau de l'homme un seuil d'activité qui échappe à la nécessité. Le seuil d'activité qui permet de définir le libre arbitre ne revient pas à distinguer une catégorie d'actions par sa matière, mais à distinguer certaines actions par leur caractère réflexif. L'action libre est en effet l'action consciente de soi. Elle implique la conception d'un sujet qui se comprend lui-même, qui se replie sur soi et a un pouvoir de se tendre ou de se relâcher plus ou moins dans la réflexion et la délibération. La conception de la liberté chez Cudworth est liée à une doctrine de l'âme repliée sur elle-même qui « se tient pour ainsi dire dans sa propre main, *holding itself, as it were, in its own hand* »[3]. Le principe hégémonique de l'âme est ainsi dit vie repliée sur elle-même « *self-reduplicated life* », âme redoublée sur elle-même « *soul redoubled upon itself* » qui permet d'avoir une maîtrise ou un pouvoir sur soi, *sui potestas, self-power*. Dans l'auto-détermination de l'action libre, le pouvoir ou la force de la nature se réfléchit ou revient sur soi et acquiert ainsi une maîtrise sur soi. L'âme redoublée ou repliée sur elle-même a une

1. *Ibid.* chap. v, p. 830.
2. *Ibid.*, p. 845.
3. *Traité du libre arbitre*, *op. cit.*, 10, p. 287.

maîtrise sur soi qui justifie qu'elle puisse être l'objet de louange ou de blâme.

Enfin le niveau supérieur de l'être est constitué par la divinité elle-même qui agit non pas du tout en vertu d'un libre arbitre (cela impliquerait une imperfection comme dans le cas de l'homme) mais en vertu des perfections de sa nature.

On le voit donc l'ontologie de Cudworth est définie à partir des niveaux de l'action. Elle suppose à la source de l'action une force qui appartient à la substance incorporelle. Cependant, cette reconduction de l'action à l'esprit exige pour être véritablement justifiée que Cudworth puisse démontrer l'impossibilité d'une théorie matérialiste de l'action. En quel sens cette reconduction de l'action à l'esprit est-elle susceptible de renverser le matérialisme et en particulier le matérialisme radical de Hobbes?

Cette question met le rapport de Cudworth à Hobbes au centre de l'interrogation sur l'action.

L'IMPOSSIBILITÉ D'UNE THÉORIE MATÉRIALISTE DE L'ACTION : CRITIQUE DE LA THÉORIE HOBBESIENNE DE L'ACTION

Les principaux textes de Hobbes sur l'action sont constitués par les pièces successives de la controverse avec Bramhall sur la liberté et la nécessité, c'est-à-dire *Of Liberty and Necessity* et *The Questions Concerning Liberty, Necessity and Chance*[1]. Le texte où Cudworth rassemble de manière la plus percutante sa critique des positions de Hobbes est le *Traité du libre arbitre*. Mieux, ce traité de Cudworth a pour objet direct et essentiel les arguments de Hobbes développés dans les deux textes mentionnés ci-dessus.

Dans sa polémique avec Bramhall, Hobbes réalise ce qu'il avait déjà entrepris dans un travail antérieur[2], à savoir l'extension, à la volonté et à

---

1. *The Questions Concerning Liberty, Necessity and Chance* (= *Lib. N. Ch.*), qui présentent une étape postérieure de la controverse, suscitée par la publication de *Of Liberty and Necessity*, fut publié en 1656. Le texte original se trouve dans le volume V des *English Works*. Traduction française par Luc Foisneau et Florence Perronin, *Questions concernant la liberté, la nécessité et le hasard, Œuvres de Hobbes*, tome XI-2, Paris, Vrin, 1999.

2. Il s'agit de la *Critique du 'De Mundo' de Thomas White* (= *Exam. DM*), rédigé vers 1643, Paris, Vrin, 1973, XXXIII, 2, p. 377. En revanche, dans les *Elements of Law* (= *EL*), qui datent de 1640 (édition Tönnies, Frank Cass, 1969), traduction française par Delphine Thivet, *Eléments du droit naturel et politique*, Paris, Vrin, 2010, Hobbes restait sur une position

l'action humaines, des principes de la nécessité absolue qui régissent la nature entière, en particulier le principe de la convertibilité de la cause suffisante et de la cause nécessaire d'un effet[1]. Ce principe, qui établit que tout effet a une série de causes antécédentes qui le nécessitent, a pour conséquence, sur le plan de la physique du mouvement, la réduction de la contingence à la simple ignorance des causes qui nécessitent l'effet. Voici comment *Of Liberty and Necessity* opère l'extension du principe à l'action humaine :

> Je tiens pour *cause suffisante* ce à quoi rien ne manque qui soit indispensable à produire de l'*effet*. Une cause *nécessaire* est identique à cela, car s'il est possible qu'une cause *suffisante* ne suscite pas l'effet, alors, il manque quelque chose d'indispensable à la production de celui-ci, et la cause n'était donc pas *suffisante* : mais s'il est impossible qu'une cause *suffisante* ne produise pas l'effet, alors, une cause suffisante est une cause *nécessaire*, puisque, par définition, produit un effet *nécessairement* ce qui ne peut que le produire. Il est ainsi manifeste que tout ce qui est produit, est produit *nécessairement* ; car tout ce qui est produit a eu une *cause suffisante* pour le produire, ou bien n'eût pas été ; et les actions *volontaires*, par conséquent sont accomplies par nécessité[2].

Toute contingence est donc supprimée dans le domaine de l'action humaine comme dans le monde des corps inanimés en vertu de la théorie de la causalité : « Par contingent, en effet, les hommes n'entendent pas ce qui n'a pas de cause, mais ce qui n'a pas pour cause une chose que nous percevions [...]. Par là on peut constater que, bien qu'il existe trois sortes d'événements, *nécessaires, contingents et libres*, ils peuvent pourtant être *tous* nécessaires sans que la beauté ou la perfection de l'univers en soient détruites »[3]. Toute la question est désormais de savoir si, en rendant compte

---

ambiguë en opposant le possible et le nécessaire (I, XII, 2) et en opposant à l'action volontaire l'action involontaire entendue au sens d'action accomplie par nécessité de nature (I, XII, 3).

1. Pour l'examen de ce principe on pourra se référer à Y. C. Zarka, *La décision métaphysique de Hobbes – Conditions de la politique*, Paris, Vrin, 1987, p. 193-222, et, du même auteur, « Leibniz lecteur de Hobbes : Toute puissance divine et perfection du monde », in *Studia leibnitiana*, Sonderheft 21, *Leibniz : le meilleur des mondes*, Stuttgart, Franz Steiner Verlag, 1992, p. 113-128.

2. *Lib. N.*, p. 110. On peut également lire ailllleurs : « Ce qui [...] nécessite et détermine chaque action [...] est la somme de toutes les choses qui, existant maintenant, conduisent et concourent ensuite à la production de cette action, et dont une seule, en venant à manquer, empêcherait que cet effet ne fût produit » (*Lib. N.*, p. 64).

« L'efficience *naturelle* des objets *détermine*, il est vrai des agents *volontaires*, et rend nécessaire la volonté et, par conséquent, *l'action* » (*Lib. N.*, p. 65).

3. *Ibid.*, p. 85-86.

de l'action humaine en termes d'effet produit par des causes antécédentes, Hobbes ne détruit pas, comme l'affirme Bramhall, le principe même d'une théorie de l'action et, en particulier, de l'action morale? La conception hobbesienne de l'action a, en effet, selon Bramhall, pour conséquence de rendre les lois, la délibération et les conseils, mais aussi la louange et le blâme, les récompenses et les châtiments, la piété et le repentir sans objet. Cette position sera reprise par Cudworth dans le cadre de sa propre critique de Hobbes.

Remarquons pour l'instant que Hobbes tâche de répondre aux objections de Bramhall en recourant au principe même qui permet l'extension du système de la nécessité à l'action humaine pour montrer qu'il ne détruit en rien la possibilité d'une action morale. Ce principe consiste en une théorie de la délibération qui rend compte de la coexistence non seulement entre volonté et nécessité mais également entre liberté et nécessité :

> S'il y a, ainsi, *nécessité* qu'une action soit faite, ou qu'un effet soit produit, il ne s'ensuit pas qu'il n'est rien qui soit nécessairement requis comme moyen de produire cet effet ; et quand il est déterminé qu'une chose sera choisie de préférence à une autre, la cause est donc également déterminée pour laquelle ce choix est fait ; et cette cause pour l'essentiel, c'est la *délibération* ou la consultation [1].

Cependant, la conciliation entre liberté et nécessité ne peut se faire qu'au prix d'une définition négative de la liberté comme absence d'obstacles extérieurs à l'action [2]. En outre, Hobbes ne peut rétablir les déterminations propres de l'action morale, c'est-à-dire sa possibilité d'être l'objet de louange ou de blâme, ainsi que de récompense ou de châtiment, qu'en faisant dépendre ces déterminations d'autre chose que d'un caractère intrinsèque de l'action elle-même :

> Pour la louange et le blâme, ils ne dépendent pas du tout de la *nécessité* de l'action louée ou blâmée. Qu'est-ce d'autre, en effet, de *louer*, que de dire qu'une chose est bonne – bonne, je le précise, pour moi, ou pour quelqu'un d'autre, ou pour l'État et la république ? Et qu'est-ce que dire qu'une action est bonne, sinon qu'elle est conforme à ce que je souhaiterais, ou à ce qu'un autre souhaiterait, ou encore qu'elle s'accorde avec la volonté de l'État, c'est-à-dire à la loi ? Monseigneur l'Evêque pense-t-il qu'aucune action ne

1. *Lib. N.*, p. 78-79.
2. « Il me paraît qu'on définit correctement la *liberté* de cette manière : "la *liberté* est l'absence de tous les empêchements à l'action qui ne sont pas contenus dans la nature et la qualité intrinsèque de l'agent" » (*Lib. N.*, p. 108).

peut être plaisante pour moi, pour lui ou pour la république, qui procède de la nécessité ? Les choses peuvent ainsi être *nécessaires* et pourtant *dignes d'éloge*, comme aussi nécessaires et pourtant *objets de blâme*, et ni dans un cas ni dans l'autre ce n'est en vain, parce que louange et blâme, de même que *reconnaissance* et *châtiment* façonnent et conforment la volonté au bien et au mal[1].

Ainsi le fait pour une action nécessaire d'être l'objet de louange ou de blâme ne peut être retrouvé qu'au prix d'une relativisation des valeurs. Le bien et le mal, le juste et l'injuste ne renvoient pas à une nature intrinsèque et immuable, mais résident seulement dans la conformité avec mon désir ou celui d'un autre, ou avec une loi de l'État, c'est-à-dire varient en fonction des affections de chacun ou des lois positives.

Cudworth connaît cette argumentation de Hobbes. Sa critique vise, dans le prolongement des objections de Bramhall, à rétablir le *liberum arbitrium* contre le nécessitarisme. La définition négative de la liberté et la relativisation des valeurs qui résultent du nécessitarisme, loin de sauver l'idée d'une action morale, n'en donnent qu'une représentation faussée. Notons, tout d'abord, que lorsque Cudworth examine, dans la deuxième section du *Traité du libre arbitre*, les principes de ceux qui, de tout temps, ont nié le libre arbitre, ces principes correspondent tous à des positions que l'on retrouve presque littéralement développées par Hobbes dans ses textes contre Bramhall. Hobbes est cité explicitement à propos de deux d'entre eux : 1) « toute cause suffisante est une cause nécessaire » ; 2) « la nécessité de toute proposition disjonctive »[2]. Mais les quatre autres principes sont également de Hobbes : 1) rien ne peut se mouvoir de soi-même ; 2) la même chose ne peut être à la fois agent et patient, donc ne peut agir sur soi-même ou se changer soi-même ; 3) toute volition est nécessaire ; 4) ce qui est indifférent en soi-même ne peut s'auto-déterminer et restera éternellement sans mouvement ni volition *(ibid.)*. Tout se passe donc bien comme si Hobbes rassemblait en un système l'ensemble des propositions qui définissent la position, d'une certaine manière transhistorique, consistant à nier le libre arbitre. Il s'agit donc de savoir pourquoi, selon Cudworth, Hobbes ne parvient pas, comme il le prétend pourtant, à rendre compte de l'action et de la liberté dans son système matérialiste de la nécessité absolue.

Premièrement, en ce qui concerne l'action Cudworth montre qu'on ne peut subsumer la catégorie de l'action sous celle de l'effet, ce à quoi revient la doctrine de Hobbes qui pose que rien ne peut se mouvoir de soi-même

---

1. *Ibid.*, p. 80.
2. *Traité du libre arbitre, op. cit.*, p. 260.

mais par quelque chose d'extérieur. Dans un tel système toute cause est un effet d'une cause antérieure et ainsi de suite, de sorte que toute action résulte non d'une chaîne unique mais d'un nombre incalculable de chaînes de causes (c'est-à-dire d'effets) qui embrassent la nature entière[1]. Au contraire, selon Cudworth, ce n'est qu'à partir d'une théorie de l'action que l'on peut rendre compte de l'existence d'un effet quelconque. Ainsi, nous l'avons vu, la matière est une étendue divisible et impénétrable mais, en elle même, passive et inactive, incapable de se mouvoir elle-même ou de produire un effet. S'il n'existait que des corps, comme l'affirme Hobbes, le monde serait éternellement en repos. Pour penser l'action, il faut donc concevoir au-delà de la matière un être qui comporte en lui-même un principe interne d'activité, c'est-à-dire une substance immatérielle auto-active. Par conséquent, pour penser l'action en général, et l'action humaine en particulier, il faut renverser le rapport établi par Hobbes : l'effet suppose l'action et non l'inverse. Du reste Hobbes avait reconnu cette exigence puisqu'il rapportait lui-même le concours de toutes les chaînes causales à un premier maillon, le Dieu tout-puissant. Il est ainsi amené pour donner une constance à son propre système à concevoir, au-delà de la nécessité qui régit la nature entière, un être divin tout-puissant qui seul est doté d'une liberté absolue. De cet argument Hobbes déduit une théorie de la prescience, de la prédétermination et de la prédestination qui a pour fonction de tenir ensemble la liberté absolue de Dieu, d'une part, et la nécessité absolue des événements intramondains, d'autre part. Dieu devient ainsi le seul acteur de tous les effets qui se produisent dans l'univers. mais en vérité, loin de sauver ainsi son système de la nécessité, Hobbes achève de le détruire puisque l'ultime principe de la nécessité se trouve désormais rapporté à l'arbitraire de la volonté et de la puissance divines.

Deuxièmement, en ce qui concerne la liberté humaine, Cudworth montre que, à la fois les instincts de la nature, la raison et la religion nous conduisent à poser l'existence de quelque chose qui est *in nostra potestate*, en notre pouvoir, ou *sui potestas*, doté d'un pouvoir sur soi-même :

> Cela suffit pour faire apparaître que des créatures rationnelles, ou des âmes humaines, peuvent s'étendre elles-mêmes plus loin que leurs natures nécessaires, ou peuvent agir plus qu'elles ne pâtissent ; qu'elles peuvent se changer et se déterminer elles-mêmes de manière contingente ou fortuite,

---

1. Cf. *Traité du libre arbitre*, *op. cit.*, p. 261-262 ; et Hobbes, *Lib. N.*, p. 64-65.

quand elles ne sont pas nécessairement déterminées par des causes antécédentes [1].

Pour restituer un sens à l'action et à l'action morale en particulier, il faut donc mettre en œuvre une double opération susceptible de rétablir ce que le nécessitarisme avait subverti : 1) penser l'action, non en fonction de l'effet, mais de l'auto-action; 2) penser la liberté, non négativement comme absence d'obstacles extérieurs, mais positivement comme auto-détermination *(self-determination)*, c'est-à-dire comme *liberum arbitrium*. En effet, ce n'est que dans la mesure où quelque chose est en notre propre pouvoir que nous pouvons être l'objet de louange ou de blâme. Un automate qui agit nécessairement ne peut l'être en aucune façon. Or, quelque chose ne peut être en notre pouvoir que si nous sommes nous-mêmes la cause véritable de nos actions. Faute de quoi on ne pourrait distinguer un vice moral d'une infirmité naturelle. Certes, l'idée de liberté que Cudworth rétablit au fondement de l'action humaine ne va pas sans poser d'importants problèmes, dans la mesure où il refuse de l'identifier à la liberté d'indifférence. Mais tendue entre une capacité d'auto-détermination et une capacité à se déterminer au bien et au juste présentés par les préceptes de l'honnêteté ou la loi de la conscience, la liberté vise à restituer une consistance à la possibilité d'un ordre moral au-dessus de l'ordre physique des corps.

Cudworth montre donc qu'une théorie cohérente de l'action renverse simultanément le matérialisme et le nécessitarisme. Le matérialisme parce que, comme nous l'avons vu, l'action suppose une substance incorporelle; le nécessitarisme, parce que l'action morale suppose le libre arbitre.

La question qui reste ouverte est celle de la liberté humaine que Cudworth définit comme pouvoir sur soi ou maîtrise de soi.

L'ACTION LIBRE : VALEURS ÉTERNELLES ET AUTO-DÉTERMINATION

Les pages de Cudworth sur le libre arbitre renvoient d'un côté à une théorie de la maîtrise de soi et, de l'autre, à une théorie de l'action conforme aux exigences de la conscience ou de l'honnêteté. Sur le premier point :

> L'affaire dépend entièrement de l'hégémonique de l'âme, c'est-à-dire du pouvoir qu'elle a sur elle-même de déployer ses efforts avec plus ou moins de force et de vigueur de façon à résister à ces affections inférieures ou à en

---

1. *Ibid.*, p. 268.

empêcher l'assouvissement, en vertu de quoi l'issue ou la tournure de l'action sera déterminée [1].

Cette conception de la liberté comme maîtrise de soi explique que l'on ne puisse jamais en rester, chez Cudworth, à une définition de la liberté comme liberté d'indifférence. La liberté loin d'impliquer l'indifférence n'est pleinement réalisée que lorsqu'elle connaît et suit l'injonction de la conscience ou le précepte de l'honnêteté qui conduit au bien et au juste. L'action libre est donc l'action bonne et juste. Cette conception de la liberté suppose en effet l'existence d'un ordre naturel et immuable du juste et du bien qui découle de l'essence divine. L'ordre ainsi caractérisé doit non seulement fournir un fondement à la morale, mais doit également permettre de resituer l'homme à sa place dans l'échelle des êtres.

Pour rendre compte de la compatibilité de l'ordre éternel et immuable des valeurs avec la liberté humaine, il faut souligner que cet ordre est à la fois transcendant et immanent à l'âme humaine. Il est transcendant dans la mesure où il trouve son fondement originaire dans l'essence divine. C'est évidemment ce fondement qui lui donne son caractère immuable et éternel. Les valeurs morales ne sont en effet en aucune manière livrées à l'arbitraire d'une volonté (qu'elle soit divine ou humaine). Mais, en un autre sens, il est immanent à l'âme humaine qui est l'ectype de l'archétype divin. Cudworth affirme ainsi très clairement que les natures éternelles et immuables existent dans l'esprit humain :

> Par conséquent, les idées ou essences intelligibles des choses, ces formes par lesquelles nous comprenons toutes choses, n'existent que dans l'esprit lui-même [...] [2].

C'est la raison pour laquelle il peut assurer la compatibilité de ses deux fondements de la morale que sont l'existence de Dieu, d'une part, et l'existence d'un libre arbitre humain conçu comme capacité d'autodétermination, d'autre part :

> Enfin, j'ai insisté très largement sur cet argument pour une autre raison encore : parce qu'il n'est pas possible que la morale existe, s'il n'y a pas de Dieu, c'est-à-dire un esprit infini et éternel qui est l'origine et la source première de toutes choses, dont la nature est la première règle et le premier modèle de la morale ; car autrement, on ne peut concevoir d'où celle-ci pourrait advenir aux êtres intellectuels particuliers [3].

---

1. *Ibid.*, p. 293.
2. *Traité de morale*, IV, IV, 4, p. 209.
3. *Ibid.*, 13, p. 246.

La doctrine de l'action de Cudworth débouche donc sur une théorie de l'autodétermination de l'action libre qui ne peut, en aucune manière être conçue comme fondée sur une conception d'une subjectivité humaine dominatrice, corrélative d'une destruction de l'ordre hiérarchique à la fois cosmique et moral. La liberté humaine se traduit au contraire par l'existence en l'homme d'un pouvoir d'auto-formation ou d'auto-construction, « *self-forming and self-framing power* », par lequel il se fait lui-même ce qu'il est « *every man is self-made into what he is* ». Mais ce pouvoir d'auto-construction, loin d'assurer à l'homme une supériorité unilatérale sur l'ensemble de la nature, l'inscrit au contraire dans la hiérarchie des êtres naturels et le soumet à l'ordre intelligible du juste et du bien.

LIBERTÉ ET NÉCESSITÉ : SPINOZA AVEC HOBBES

FILIPPO MIGNINI

« Les hommes se figurent être libres, parce qu'ils ont conscience de leurs volitions et de leur appétit et ne pensent pas, même en rêve, aux causes par lesquelles ils sont disposés à appétir et à vouloir, n'en ayant aucune connaissance »[1]. Ce célèbre passage de Spinoza recoupe une conviction parallèle exprimée par Hobbes dans *Liberté et nécessité* : à cause de l'ignorance de « la plus grande partie de l'humanité » à l'égard de l'absolue détermination des actions humaines, le philosophe anglais en va jusqu'à douter de l'opportunité de mettre par écrit la doctrine de la nécessité en raison de son caractère potentiellement dangereux pour la piété des ignorants[2]. Par ailleurs, la référence directe que Spinoza fait aux volitions

---

1. E1 App (G2, 78, 17-21) ; la traduction française de l'*Éthique* est tirée de Spinoza, *Œuvres* 3, *Éthique*, trad., notices et notes par Ch. Appuhn, Paris, Garnier-Flammarion, 1965, p. 61-62. Les traductions françaises des autres œuvres de Spinoza disponibles sont tirées de l'édition P.U.F., dirigée par P.-F. Moreau, et citées à chaque fois à l'aide de l'abréviation *Œuvres*, suivie du numéro du volume et des pages. Les œuvres de Spinoza sont citées à l'aide des abréviations suivantes : *Tractatus de intellectus emendatione* : TIE ; *Korte Verhandeling* : KV ; *Principia Philosophiae Cartesianae* : PPC ; *Cogitata Metaphysica* : CM ; *Tractatus theologico-politicus* : TTP ; *Tractatus Politicus* : : TP ; *Ethica* : E. Pour les citations internes à cette dernière œuvre, on a utilisé les abréviations suivantes : Ax : *Axioma* ; Def : *Definitio* ; P : *Propositio* ; D : *Demonstratio* ; S : *Scholium* ; C : *Corollarium*. Les parties sont indiquées en chiffres arabes immédiatement après l'abréviation E. Les œuvres de Hobbes sont citées, quand elles y sont disponibles, dans l'édition Vrin dirigée par Yves Charles Zarka.
2. *Lib. N.*, p. 81-82 : « Je dois avouer que, si nous considérons la plus grande partie de l'humanité, non pas telle qu'elle devrait être, mais telle qu'elle est, c'est-à-dire, composée d'hommes que soit le soin d'acquérir richesse ou position, soit l'appétit des plaisirs sensuels, ou encore l'intolérance de la méditation ou l'adhésion irréfléchie à de faux principes ont rendus inaptes à débattre de la vérité des choses, je dois, dis-je, avouer que disputer sur cette

(*volitionum*) et à l'appétit (*appetitus*), entendant, par le premier terme, non pas la faculté de vouloir mais les actes déterminés de la volonté, et, par le second, la structure fondatrice du dynamisme physiologique et psychique de l'homme, constitue une citation précise, même si elle demeure implicite, de Hobbes – qui considère la volition comme l'appétit dernier avec lequel se détermine et s'arrête la délibération. Nous verrons de plus près ces aspects dans les pages qui suivent. Ici, au moment d'ouvrir ces considérations, la manière dont les citations des deux auteurs se font écho, de même que l'invitation de Hobbes à maintenir secrète la doctrine de la nécessité – à laquelle correspond à la fin du *Court traité* une invitation parallèle de Spinoza à user de la plus grande prudence dans la communication des doctrines qui sont exposées en ayant pour seule perspective le « salut » du prochain [1] –, montrent combien fut aiguë la conscience qu'avaient les deux philosophes de l'ignorance humaine sur les questions de la liberté et de la nécessité. C'est de cette ignorance en effet que découlent et à cause d'elle que continuent à proliférer les systèmes moraux et politiques qui supposent le libre arbitre de chaque individu comme base de l'éducation, fondement de la responsabilité individuelle et collective dans le domaine moral, condition de l'imputabilité juridique même. Les implications individuelles et sociales de cette conviction ne sont donc ni rares, ni superficielles.

Il est vrai que les philosophies classiques des Grecs et des Romains ont été pour la majeure partie d'entre elles gouvernées par l'idée de nécessité, qui trouve son expression la plus radicale dans la « nécessité fatale » des Stoïciens ; mais il est vrai aussi que cette conscience ne réussit pas à pénétrer la culture moyenne et populaire de ces sociétés ni leurs institutions morales et juridiques. Avec l'avènement du christianisme, la perspective paulinienne, résumée dans la célèbre formule « *In eo vivimus, movemur et sumus* » [2], laisse rapidement la place à la conviction que l'homme, créé à l'image et à la ressemblance de Dieu, trouve dans cette ressemblance le fondement d'une liberté de choix réelle et substantielle, qui en fait un sujet pleinement responsable et capable de s'opposer, au nom de sa liberté, à Dieu lui-même. Le paradoxe d'un Dieu omnipotent contraint à poursuivre

question blessera plutôt qu'elle n'assistera leur piété. C'est pourquoi, si Monseigneur l'Évêque n'avait pas désiré cette réponse, je ne l'aurais pas écrite, et je ne l'écris que dans l'espoir que votre Seigneurie et lui-même la garderont secrète ».

1. Spinoza, *Œuvres*, I *Premiers écrits*, Intro. générale par P.-F. Moreau, *Tractatus de intellectus emendatione/Traité de la réforme de l'entendement*, texte établi par F. Mignini, trad. par M. Beyssade ; *Korte Verhandeling/Court Traité*, texte établi par F. Mignini, trad. par J. Ganault, Paris, P.U.F., 2009, p. 409.

2. Il s'agit d'un passage du fameux discours de Paul à l'Aéropage d'Athènes, dans les *Actes des apôtres*, 17, 28.

de sa miséricorde plutôt qu'à contraindre par sa justice un homme libre de s'opposer à ses décrets imprègne toute la culture occidentale médiévale et moderne, et à bien des égards, la culture contemporaine également. Les voix qui se sont élevées pour contredire l'hypothèse d'une liberté indifférente de l'homme, liberté de s'autodéterminer au bien ou au mal, sont peu nombreuses, mais retentissantes : Luther, avec le *De servo arbitrio*, tandis que parmi les philosophes, les voix les plus claires et les plus radicales qui se sont fait entendre sont celles de Hobbes et Spinoza.

Dans cet article, je me propose de reconstruire, de façon schématique, en allant à l'essentiel, les arguments des deux auteurs en faveur de l'absolue détermination des actions humaines, de pointer les convergences et les divergences. Quand je parle de convergences significatives, sur des doctrines spécifiques, entre les deux systèmes, je me contente de souligner des identités ou des similarités théoriques effectives, sans pour autant affirmer que Spinoza dépend de Hobbes pour cette doctrine précise, comme par exemple, dans le cas de leur négation commune de la volonté comme faculté et de l'affirmation que tout acte de volonté est un mouvement effectif de l'esprit humain[1]. Comme l'a montré l'historiographie philosophique consacrée à ce thème, l'appartenance des deux philosophes au même milieu culturel et les divergences notables qui sont les leurs sur le plan ontologique font que les constats de convergences théoriques se fourvoient souvent quand ils sont formulés en termes de dépendance d'un auteur envers l'autre[2]. Cela n'empêche pas, évidemment, qu'il y ait de fait des correspondances entre les doctrines et que des influences et des dépendances puissent être montrées ; mais cela requiert des vérifications et des enquêtes, menées à partir de l'appareil complexe des sources, qu'il n'est pas possible de développer ici et que j'espère pouvoir présenter dans un autre contexte.

---

1. Sur ce thème, voir *infra*, p. 85 et 90-91, ainsi que la note 2, p. 89.

2. Je renvoie sur ce point, au remarquable article de K. Schuhmann, « Metodenfragen bei Spinoza und Hobbes : zum Problem des Einflusses », *Studia Spinozana*, vol. 3 (1987) : « Spinoza and Hobbes », Alling, Walther & Walther Verlag, 1987, p. 47-86. Dans le même volume, on se référera à C. Secretan, « La réception de Hobbes aux Pays-Bas au XVIIᵉ siècle », p. 27-46. Outre les articles contenus dans le même numéro, je renvoie à D. Bostrenghi (dir.), *Hobbes e Spinoza : Scienza e politica*, introduction de E. Giancotti, Naples, Bibliopolis, 1992. Pour une lecture qui considère le système de Hobbes comme fondamentalement étranger à Spinoza, *cf.* P. Di Vona, *Hobbes in Spinoza*, Naples, Loffredo, 1990.

LIBERTÉ ET NÉCESSITÉ CHEZ HOBBES

La première critique adressée par Hobbes à la liberté d'action indifférente apparaît dans le *Short Tract* : «La définition d'un agent libre comme étant ce qui, toutes choses requises pour sa mise en œuvre étant posées, peut fonctionner ou ne pas fonctionner, implique contradiction»[1]. La thèse qui est pointée ici comme contradictoire est celle du «libre arbitre», entendu comme possibilité de ne pas agir bien qu'il y ait toutes les conditions requises pour agir. La raison de cette contradiction qu'Hobbes relève, et que les tenants du libre arbitre ne voient pas, est que les conditions que l'action exige en sont les causes déterminantes de façon nécessaire, parce que, s'il n'en était pas ainsi, on ne pourrait pas dire que ce sont des «conditions requises». Si dans une série causale, à laquelle le sujet agissant appartient, les conditions suffisantes d'une action adviennent, soutenir que cette action n'est pas nécessaire signifie que l'on admet que la série causale n'en est pas une et donc que l'on se contredit. Celui qui soutient que, malgré l'existence d'une cause, l'effet peut ne pas avoir lieu grâce à la liberté de l'agent affirme que la cause n'est pas la cause (donc il se contredit), et que le sujet agissant est, simultanément, déterminé par des causes externes et indéterminé par ces mêmes causes. Ainsi que cette brève analyse permet de le comprendre, le premier fondement de la critique hobbesienne de la liberté d'action indifférente est constitué par la reprise rigoureuse de la notion de cause. Je reviendrai sur ce point plus loin, quand nous exposerons l'argument selon lequel la cause suffisante est aussi cause nécessaire[2].

Le second texte auquel il est opportun de faire référence est le chapitre 12 des *Éléments du droit naturel et politique*. Y sont décrits – et ces thèses ne changeront pas substantiellement dans les œuvres qui suivront – les processus qui mènent à l'action, en particulier la formation des concepts, l'appétit et la crainte, la délibération et la volonté. Se référant implicitement aux deux premiers chapitres, en particulier, l'auteur commence ce développement en affirmant que ce sont les objets extérieurs qui causent les concepts de l'esprit, c'est-à-dire toutes les formes de représentation auxquelles nous attribuons un pouvoir de connaissance : «Cette mise en image et ces représentations des qualités des choses à l'extérieur

1. Publié par F. Tönnies comme Appendice I à l'édition des *Elements of Law*, Londres, 1889, p. 196 ; traduction française par J. Bernhardt, Th. Hobbes, *Court traité des premiers principes*, Paris, P.U.F., 1988 p. 21.
2. Cf. *infra*, p. 90.

de nous est ce que nous appelons "cognition", "imagination", "idées", "perception", "conception" ou "connaissance" des choses »[1]. De cette définition, on déduit que la connaissance humaine, ainsi entendue, est purement passive, étant donné qu'elle est causée par les objets externes[2]. Au-delà de cette relation de passivité, à part les formes de représentations ou les qualités grâce auxquelles le sujet connaissant se représente le mouvement produit par les objets externes « dans le cerveau ou dans les esprits, ou dans quelque substance à l'intérieur de la tête »[3], il n'existe aucune connaissance ni aucun des processus qui en sont dérivés.

Les concepts ou apparitions des objets dans l'esprit « ne sont rien de réel, sinon du mouvement dans quelque substance à l'intérieur de la tête »[4], mouvement qui, en se déplaçant vers le cœur et en interagissant avec le mouvement « vital », est dit « plaisir » quand il le seconde, et « douleur » quand il le contredit. Le plaisir référé à l'objet s'appelle l'amour, et la douleur, référée à l'objet, haine. Le même mouvement, quand il est de plaisir, incite à s'approcher de la chose qui plaît, et c'est donc un appétit ; quand il est de douleur, il se nomme aversion quand il se réfère à une chose présente, et crainte quand il se réfère à une chose future[5]. Le mouvement d'appétition ou d'aversion est aussi le commencement de ce que Hobbes appelle « mouvement animal », selon une distinction qui sera expressément reprise dans le *Léviathan*[6].

Dans le chapitre 12, l'auteur fait donc dépendre immédiatement les concepts des objets externes, et l'appétit et la crainte, définis comme « premiers commencements imperceptibles de nos actions »[7], des concepts. En effet, si nous avons la possibilité d'accomplir une action, et pendant tout le temps où nous avons cette possibilité, si l'action ne suit pas immédiatement l'appétit, un processus de balancement s'instaure, où alternent appétit et crainte ; ce processus est appelé délibération, et continue jusqu'à ce que l'action s'accomplisse ou qu'un accident la rendre impossible. Le dernier acte du processus délibératif, qui peut être un

1. *EL*, p. 47.
2. Sur ce point on peut noter une certaine différence avec Spinoza qui, dans le *Court traité*, considère la connaissance comme purement passive ; dans l'*Éthique* au contraire il la considère comme en partie active, c'est-à-dire indépendante des objets externes. Sur ce thème, je renvoie à F. Mignini, « "L'intendere è un puro patire" (KV 2/15, 5). Passività e attività della conoscenza in Spinoza », *La Cultura* 25 (1987) 1, p. 120-151.
3. *EL*, p. 49.
4. *Ibid.*, p. 74.
5. *Ibid*, p. 75.
6. *Lev*, I, 6, 1.
7. *EL*, p. 106.

appétit, ou bien un désir de faire, ou bien une crainte, c'est-à-dire un désir de ne pas faire, se nomme volonté, ou, plus précisément, acte de volonté. Par conséquent la volonté, loin d'être une faculté, est un acte, et, précisément, le dernier acte de la délibération. Il s'ensuit que, tout acte de volonté étant appétit ou crainte, les causes de l'appétit ou de la crainte sont aussi les causes de la volonté. Et ces causes sont les représentations des avantages et des inconvénients calculés en relation avec le fait qu'il y ait ou non action de notre part.

Dans les *Éléments*, l'auteur ne tire pas des prémisses que nous avons exposées une conclusion explicite sur la liberté et la nécessité de nos actions. Néanmoins, leur résultat évident est la construction d'un modèle mécaniciste et la détermination totale de la volonté, qui, du reste, est affirmée en substance par Hobbes quand il soutient que la volonté n'est pas volontaire, c'est-à-dire que nous ne pouvons vouloir ou ne pas vouloir un acte de volonté : « L'appétit, la crainte, l'espoir et les autres passions ne sont pas appelés "volontaires", car elles ne proviennent pas de la volonté, mais sont la volonté, et la volonté n'est pas volontaire. Car un homme ne peut pas plus dire qu'il "veut vouloir" qu'il "veut vouloir vouloir" et faire ainsi une répétition infinie du mot "vouloir", ce qui est absurde et dépourvu de sens »[1]. Il s'ensuit donc de façon évidente que, les appétits et les passions n'étant pas considérés comme autre chose que des mouvements provenant des objets externes produisant leurs effets sur notre corps, ils obéissent à des lois précises de la nature physique, et sont entièrement déterminés. Par conséquent, le processus délibératif et les actes de volonté sont aussi déterminés. Dans ce texte, on ne trouve aucune référence explicite au thème de la liberté, qu'elle soit entendue comme liberté d'agir indifférente (libre arbitre), ou comme capacité d'accomplir l'action délibérée d'une façon déterminée en l'absence d'empêchement extérieur[2].

Dans le *De Cive* (1642), on ne trouve plus qu'une allusion aux questions de la délibération et de l'acte de volonté, qui confirment la position des *Eléments* : « la volonté, cependant, est l'acte ultime de celui qui délibère. Les pactes concernent donc seulement les choses possibles et les choses futures »[3]. On trouve en revanche dans cette œuvre la première définition de la liberté comme absence d'empêchement à nos mouvements, qui

1. *EL*, p. 107.

2. Sur la question de la liberté chez Hobbes, sur les oscillations du concept et sur l'univocité substantielle, voir M. E. Scribano, « La nozione di libertà nell'opera di Thomas Hobbes », *Rivista di Filosofia*, 16 (1980), p. 30-66.

3. *De cive*, I, 2, 14.

restera fondamentale dans les œuvres qui suivront. Les empêchements peuvent être « externes et absolus », ou bien « arbitraires » dans le sens où ils n'empêchent pas le mouvement toujours et de façon nécessaire, mais « seulement occasionnellement, ou bien par notre choix »[1]. L'affirmation lapidaire de Hobbes qu'aucun auteur n'a jamais expliqué ce qu'étaient la liberté et la servitude ne pouvait pas laisser indifférent un lecteur comme Spinoza. Si l'on considère en effet le fait que le *De cive* est la seule œuvre de Hobbes présente dans la bibliothèque de Spinoza – sans qu'il soit question de nier qu'il ait eu connaissance des autres œuvres du philosophe anglais[2] –, que Spinoza fait sienne, en substance, la définition de liberté comme absence d'empêchement qui y est développée, et qu'il consacre les deux dernières parties de l'*Ethique* à la *servitus* et à la *libertas*, on peut tirer de ces indications, auxquelles d'autres s'ajouteront dans les pages qui suivent, un argument pour affirmer que le philosophe hollandais a porté une attention spécifique et significative à Hobbes.

On trouve dans les observations critiques sur le *De mundo* de Th. White, composées probablement en 1643, des précisions importantes sur la

1. *De cive*, II, 9, 9 : « Que je sache, en effet, aucun écrivain n'a expliqué ce qu'est la liberté, et ce qu'est la servitude. On juge communément que la liberté consiste à faire tout à son gré et impunément (et la servitude à ne pas le pouvoir) : ce qui ne saurait arriver dans un État, ni coexister avec la paix du genre humain, car il n'y a pas d'État sans pouvoir souverain ni droit de contrainte. La liberté, pour la définir, n'est rien d'autre que l'absence d'obstacles au mouvement. Ainsi, l'eau retenue dans un vase n'est pas, de ce fait, libre, puisque le vase est un obstacle à son écoulement, et elle est libérée quand le vase se brise. Chacun a plus ou moins de liberté selon qu'il a plus ou moins d'espace pour se mouvoir, de sorte que celui qui est incarcéré dans une vaste cellule a plus de liberté que celui qui est retenu dans une cellule étroite. Et un homme peut être libre par un côté sans l'être par un autre, comme le voyageur qui est empêché par des haies et des murs de détruire les vignes et les champs qui jouxtent la route de part et d'autre. Les obstacles de cet ordre sont extérieurs et absolus, et, en ce sens, tous les serviteurs et tous les sujets, qui ne sont ni enchaînés, ni incarcérés, sont libres. Il existe d'autres obstacles, internes à la volonté [*arbitraria*], qui n'empêchent pas un mouvement de manière absolue mais par accident, à savoir par notre propre choix : ainsi, celui qui est sur un navire pourrait sans obstacle se jeter à la mer s'il voulait le vouloir ».

2. Les opinions divergent sur la connaissance qu'avait réellement Spinoza des œuvres de Hobbes. La présence du *De cive* dans la bibliothèque de Spinoza témoigne dans le sens d'une connaissance certaine de cette œuvre, comme, du reste, des objections de Hobbes aux *Méditations* de Descartes. La possibilité d'une connaissance anticipée du *Léviathan*, ou au moins de parties du livre, à partir de 1655, année où Abraham van Berchel commença à traduire en néerlandais le texte anglais, est soutenue par C.W. Schoneveld, « Holland and the Seventeenth-Century Translations of Sir Thomas Browne's *Religio Medici* », *in* J. Van Dorsten (dir.), *Ten Studies in Anglo-Dutch Relations*, Leiden-Londres, 1974, p. 40 ; voir également *Intertraffic of the Mind. Studies in seventheenth-century Anglo-Dutch translations, with a checklist of books translated from English into Dutch, 1600-1700*, Leiden, Brill, 1983.

nécessitation interne de la volonté humaine au moyen des appétits, qui n'empêchent pas cependant que la délibération, c'est-à-dire le balancement des appétits, continue à être dit libre, parce que la détermination n'est pas externe mais interne, et dure jusqu'à ce qu'un appétit prévale sur l'autre comme acte de volonté qui se transforme en action, si cette dernière est possible. Hobbes prévoit donc la possibilité d'une liberté qui ne soit pas absolue, mais conditionnée, c'est-à-dire liée à l'existence d'un acte de volonté et à l'absence d'empêchements extérieurs[1].

Of Liberty and Necessity, composé en 1645 après une conversation avec l'évêque Bramhall, mais publié à l'insu de Hobbes en 1654, fut à l'origine d'un long débat, qui vit la publication, après la réponse de Bramhall, (*A Defense of True Liberty from Antecedent and Extrisecal Necessity*, 1655), d'un autre essai de Hobbes intitulé *The Questions concerning Liberty, Necessity and Chance* (1656). Pour l'histoire de la polémique, la reconstruction et l'édition des textes, je renvoie respectivement aux éditions de Frank Lessay pour le premier, et de Luc Foisneau pour le second, qu'il a traduit également, avec Florence Perronin, dans son intégralité[2]. Dans le cadre de notre analyse, je me limite à reconstruire de façon schématique les principaux arguments utilisés par Hobbes en faveur de la nécessité et de la détermination du vouloir, et en défense de la liberté entendue uniquement comme absence d'empêchement dans la traduction en acte de la volition.

Dans la section intitulée «Mon opinion relative à la liberté et à la nécessité», Hobbes développe sept arguments, qu'il commente et «démontre» dans les pages suivantes. Les quatre premiers regardent le rapport appétit-délibération-volonté. Puisque l'appétit ou son contraire se réfèrent toujours à la possession d'un bien ou à l'évitement d'un mal, ils ne font qu'un avec l'imagination de ce bien ou de ce mal[3]. Si à un appétit succède immédiatement une action, cette dernière est déterminée par la représentation du bien impliqué dans cet appétit, et il n'y a pas de délibération. Si au contraire l'action ne suit pas immédiatement, un processus

---

1. Th. Hobbes, *Critique du "De Mundo" de Thomas White*, par J. Jacquot et H. Whitmore Jones, Paris, 1973, p. 377-78 et 404-405.

2. Th. Hobbes, *De la liberté et de la nécessité*, édition de F. Lessay, Œuvres XI-1, Paris, Vrin, 1993 (cité *Lib. N.*); Th. Hobbes, *Questions concernant la liberté, la nécessité et le hasard*, édition de L. Foisneau, trad. fr. par L. Foisneau et F. Perronin, Œuvres XI-2, Paris, Vrin, 1999 (cité *QLN*).

3. Pour Spinoza aussi, l'acte de vouloir coïncide avec l'affirmation ou la négation inhérente à l'idée : KV II, 16, 5-7; E2P49 : «Il n'y a dans l'âme aucune volition, c'est-à-dire aucune affirmation et aucune négation, en dehors de celle qu'enveloppe l'idée en temps qu'elle est idée».

délibératif succède au premier appétit, c'est-à-dire une séquence d'appétit et de répulsion qui coïncide avec l'évaluation du bien ou du mal que l'action à accomplir générerait. Le dernier acte de cette délibération, qu'il soit affirmatif ou négatif, se nomme volonté, tandis que tous les appétits précédents et leurs contraires se nomment intentions. Tant que l'homme est engagé dans la délibération, on peut le considérer comme encore libre, ou en train de choisir ; mais quand la délibération s'arrête sur l'un des deux contraires, espérance ou peur, affirmation ou négation, il a renoncé à la liberté de choisir, parce qu'il a déjà choisi, même si, parfois, il peut tout de même retourner en arrière. Remarquons toutefois que cette liberté de choix ne signifie pas qu'il y a absence de nécessité, mais simplement un état de choses dans lequel la nécessité ne s'est pas encore déterminée ou mani-festée. Si bien que c'est seulement de façon abstraite et impropre que l'on peut parler de liberté dans le processus délibératif en acte.

Le cinquième argument propose une définition formelle de la liberté : « La liberté est l'absence de tous les empêchements à l'action qui ne sont pas contenus dans la nature et la qualité intrinsèque de l'agent »[1]. L'absence dont il est question concerne les empêchements extérieurs à l'actualisation de la volonté, car si les empêchements étaient internes ou inhérents à la nature de l'agent, on ne pourrait pas parler d'absence de liberté, mais seulement d'impuissance ou d'incapacité à accomplir l'action.

Le sixième argument se fonde sur l'impossibilité, pour chaque chose singulière, d'être cause de soi (« rien ne prend son départ de soi-même ») ; pourtant, puisqu'elle est causée soit dans l'essence soit dans l'existence, cette chose ne peut accomplir aucune action qui n'ait été déterminée par des causes externes. Sur ce point, Hobbes précise que par « cause externe », il n'entend pas telle ou telle cause, mais l'ensemble de toutes les causes subordonnées advenues en Dieu, cause de soi, et en sa volonté omnipo-tente, qui est leur origine. La cause dernière, en effet, qui détermine de façon immédiate l'appétit, interrompant cette forme abstraite de la liberté qu'est la délibération, n'aurait aucun pouvoir de déterminer si elle n'était pas précédée et à son tour déterminée par une série complexe d'autres causes ; de même qu'une plume ne pourrait jamais briser le dos d'un cheval si elle ne s'ajoutait pas pour finir à une grande quantité de plumes déjà accumulées, qui, avec l'addition de la dernière, devenait insupportable au cheval[2].

---

1. *Lib. N.*, *op. cit.*, p. 108.
2. *Ibid.*, p. 66.

Le septième et dernier argument se fonde sur l'identification de la cause suffisante à la cause nécessaire. Si par « cause suffisante » on entend la cause à laquelle il ne manque rien pour produire un effet, on devra dire dans le cas où cet effet ne suivrait pas nécessairement qu'il manque en réalité quelque chose à la cause qui a tout pour le produire, ce qui est contradictoire. En d'autres termes, puisque tout ce qui existe en tant qu'effet doit avoir une cause suffisante de son existence, mais que la cause suffisante est aussi nécessaire, chaque effet existe nécessairement. Donc chaque acte de volonté, entendu comme terme d'un processus de délibération, est nécessaire parce qu'il ne peut être sans une cause suffisante qui le produise. Il s'ensuit en second lieu que la notion d'« agent libre » est contradictoire, entendue comme cause suffisante de l'effectuation d'une action, et cependant également capable de ne pas l'accomplir. S'il est cause suffisante, il est aussi cause nécessaire, et donc non libre[1]. On le verra, cet argument apparaît plusieurs fois, même si c'est dans des termes différents, également chez Spinoza.

Le *Léviathan* (1651), avec lequel je terminerai ce passage en revue des œuvres de Hobbes, fournit quelques précisions, notamment terminologiques, concernant la doctrine des mouvements volontaires, mais surtout des déclarations explicites sur la question de la liberté. Pour le premier point, le chapitre VI de la première partie commence avec la distinction du mouvement vital et du mouvement animal, le premier étant entendu comme l'ensemble des mouvements qui, pour avoir lieu, n'ont pas besoin de l'imagination, comme la circulation du sang, le battement du cœur, la respiration, etc. ; le second correspond au contraire aux mouvements qui, pour avoir lieu, doivent d'abord être imaginés dans notre esprit, comme le fait de marcher, de parler, de bouger un bras, etc. Les petits mouvements, même imperceptibles, qui ont lieu à l'intérieur du corps humain et qui sont à l'origine des mouvements volontaires se nomment impulsions, *endeavour* ou *conatus*[2]. C'est aussi dans ce chapitre qu'est confirmée la thèse de la délibération comme alternance d'appétits et d'aversions à l'égard des choses futures et considérées (parfois à tort) comme possibles,

---

1. Le fondement de cette thèse peut peut-être être aperçu dans le *De corpore* de Hobbes, II, 0, 3-7 : *De corpore, Elementorum philosophiae sectio prima*, édition critique, notes, appendices et index par K. Schuhmann, introduction par K. Schuhmann avec la collaboration de M. Pécharman, Paris, Vrin, 1999, pp ; 95-98.

2. Sur la notion de *conatus* chez Hobbes, je renvoie à J. Barnouw, « Le vocabulaire du conatus », *in* Y. Ch. Zarka (dir.), *Hobbes et son vocabulaire*, Paris, Vrin, 1992, p. 103-124 ; « The Psychological sense and moral and political significance of "Endeavor" in Hobbes », in *Hobbes et Spinoza : Scienza e Politica, op. cit.*, p. 399-416.

ainsi que celle de la volonté considérée comme le dernier acte de la délibération, qu'il s'agisse d'un appétit ou d'une aversion. C'est encore là qu'est expressément précisé le fait que la volonté est un acte et non pas une faculté : « *the act (not the faculty) of willing* / *actus, inquam, non potentia volendi* »[1]. On peut donc dire de toutes les actions qui dérivent de l'appétit ou de l'aversion qu'elles sont volontaires, sans que, toutefois, elles impliquent de quelque façon que ce soit un volontarisme de l'action fondé sur le présupposé d'une faculté de vouloir, explicitement critiquée par l'auteur.

La notion de liberté est tout d'abord définie en I, 14, 2, en lien avec la notion de droit, comme « absence d'empêchements extérieurs » (*the absence of external impediments* / *Per libertatem intelligo (id quod ea vox proprie significat) externorum impedimentorum absentiam*). Toutefois, l'existence d'empêchements n'est pas ici considérée comme devant éliminer du tout au tout le pouvoir de faire ou de ne pas faire ce que le jugement ou la raison dicteront.

La même définition, mais plus amplement articulée, et surtout, conjuguée expressément avec la notion de nécessité, apparaît dans les paragraphes 1-4 du chapitre 21 de la seconde partie. Hobbes y confirme le fait que la liberté signifie à proprement parler l'absence d'empêchements extérieurs au mouvement naturel d'un corps et peut être appliquée aux créatures rationnelles comme irrationnelles (§ 1). Quand on se réfère à l'homme, on dit qu'est libre celui qui ne rencontre pas d'obstacles dans la réalisation de ce qu'il veut faire, pour les choses qu'il est capable de faire de ses propres forces et de sa propre intelligence (§ 2). Dans le même paragraphe, toutefois, Hobbes précise, pour éviter toute équivoque, que l'expression « libre volonté » n'indique « aucune liberté de la volonté, du désir ou de l'inclination », mais la liberté de l'homme qui n'est pas empêché de faire ce qu'il a la volonté, le désir ou l'inclination de faire. Nous touchons ainsi au cœur même de la question, à savoir la démonstration de la compatibilité entre la nécessité causale des actes de volonté et la liberté de transformer en action ces mêmes actes, quand rien n'y fait obstacle.

> Et même, la *liberté* et la *nécessité* peuvent coexister. En effet, l'eau se meut dans le lit du fleuve, vers les lieux situés plus bas, à la fois librement et par nécessité de nature. Semblablement toutes les actions volontaires, qui sont

---

1. *Lev*, I, 6, 53. La thèse que la volonté ne constitue pas une faculté, mais n'est concevable que comme acte de vouloir est présente chez Spinoza également, depuis le *Court traité*, II, 16, 4-5 ; *cf.* également I, 6, 5, et ici-même p. 93 : « Et il apparaît clairement encore à partir de là, que telle ou telle volonté de l'homme doit avoir une cause externe, par laquelle elle est causée nécessairement, car l'existence de la volonté n'appartient pas à l'essence de l'homme », *Œuvres, op. cit.*, p. 239.

libres par leur nature, n'en sont pas moins nécessaires, parce qu'elles ont des causes, et ces causes d'autres causes, et ainsi indéfiniment jusqu'à la première cause de toutes les causes : la volonté divine ; de sorte que, pour ceux qui verraient la connexion de toutes les causes, la nécessité de toutes les actions même volontaires serait manifeste. Donc Dieu, qui voit et dispose toutes choses, voit, procédant de sa propre volonté, la nécessité de toutes les actions. En effet, quoique les hommes commettent beaucoup d'actions contraires aux lois divines, beaucoup d'actions, autrement dit, dont Dieu n'est pas l'auteur, ils n'ont cependant pas de passion, de volonté ou d'appétit dont la cause première et totale [*plena*] ne découle de la volonté de Dieu. En effet, si la volonté de Dieu n'imposait pas sa nécessité à la volonté humaine, et en conséquence à toutes les actions qui en dépendent, la liberté de la volonté humaine supprimerait l'omniscience, l'omnipotence et la liberté de Dieu. Mais, eu égard à notre présent propos, il n'y a pas lieu de prolonger ces discussions concernant la liberté naturelle et proprement dite [1].

Ce texte contient tous les éléments de la doctrine hobbesienne de l'absolue détermination du vouloir, et, dans le même temps, de la seule liberté humaine possible, à savoir la possibilité d'effectuer sans obstacles ce que l'acte de vouloir a été déterminé à vouloir. Les éléments de cette doctrine sont les suivants : 1) il est impossible de concevoir l'acte de volonté humain en dehors d'une chaîne de causes déterminantes ; 2) le premier maillon de cette chaîne causale réside dans la volonté absolument libre de Dieu, en tant qu'elle ne connaît aucun obstacle et est cause unique de toutes les choses ; 3) la volonté divine étant soutenue par une puissance absolue ou par une simple omnipotence, il serait contradictoire à cet égard de penser que la volonté divine pourrait ne pas être suivie d'effet ; 4) il s'ensuit que chaque acte de la volonté humaine est déterminé, ou nécessité ; 5) la liberté naturelle est proprement définie si elle n'est pas instituée avant l'acte volontaire mais après lui, quand ce dernier peut s'actualiser sans être empêché.

LIBERTÉ ET NÉCESSITÉ CHEZ SPINOZA

Cet exposé nécessairement synthétique de la doctrine de la nécessité et de la liberté chez Spinoza prend son point de départ dans deux convictions,

---

1. La traduction cité ici est extraite de Th. Hobbes, *Léviathan*, traduit du latin et annoté par F. Tricaud (Parties I, II, III et Appendice) et M. Pécharman (Partie IV), introduction de M. Pécharman, Paris, Vrin/Dalloz, 2004, p. 170.

que l'on tâchera de démontrer. La première est que cette doctrine constitue le cœur même du système spinoziste. La seconde est qu'elle a son pendant chez Hobbes dans des éléments précis, développés et transformés par Spinoza en une doctrine beaucoup plus radicale, grâce aussi au fait que son système possède des fondements ontologiques différents.

Pour ce qui est de la centralité de cette doctrine dans le système, il suffit d'observer la place qui lui est réservée et son importance dans le *Korte Verhandeling* et dans l'*Éthique*. Dans ce qui constitue le premier exposé du système, parvenu jusqu'à nous en néerlandais, les chapitres décisifs sont : les six premiers chapitres de la première partie (en particulier les chapitres 4 à 6), les chapitres 16 à 18 de la seconde partie, consacrés à la détermination absolue des actes de volonté, et le chapitre 26 consacré à un développement sur la liberté humaine, point d'arrivée du système. Les propositions essentielles de l'*Éthique* sont quant à elles : dans la première partie, outre les propositions relatives à la constitution de la substance, les propositions 14 à 17, dont le scolie de la dernière démontre qu'il n'y a en Dieu ni intellect ni volonté, comme, du reste, le confirme expressément la proposition 31 ; les propositions 26 à 36, dans lesquelles il est démontré que toutes les choses sont produites et déterminées absolument par l'infinie puissance de Dieu. On pense en outre, dans la deuxième partie, aux propositions 48-49 consacrées à l'inexistence de la volonté humaine comme faculté, à la quatrième partie dans son entier, consacrée à la *servitus* de l'homme vis-à-vis des passions, tandis que c'est à la *libertas* qu'est consacrée la cinquième partie, partie dont, de façon évidente, le tournant théorique se trouve dans la définition générale de la liberté au début de la première partie[1] et dans les définitions d'actif et passif au début de la troisième partie.

La doctrine de la nécessité

Le premier point dont on doit partir est l'affirmation de la coïncidence de la liberté et de la nécessité en Dieu, que ce soit chez Spinoza ou chez Hobbes. La raison de cette coïncidence de la liberté et de la nécessité chez les deux auteurs est en substance identique : c'est l'absence absolue de quelque empêchement externe que ce soit à l'action de Dieu. Toutefois, alors que chez Hobbes la nécessité de l'action divine dérive de l'omni-potence de sa volonté et de l'absence d'empêchements extérieurs, chez Spinoza elle réside dans la causalité par nature de la *causa sui* ou *natura naturans*, à laquelle sont soustraits définitivement l'intellect et la volonté.

---

1. Pour le texte de la définition, voir *infra*, p. 99.

Tous les effets de la *causa sui* dérivent simultanément du même acte par lequel la *causa sui* est telle qu'elle est. Ils donc sont absolument nécessaires comme la nature de la *causa sui* est nécessaire ; toutefois, alors que la *causa sui* est nécessaire et libre, les effets qui en dérivent sont nécessaires et déterminés.

De la seule constitution de la *causa sui* dérivent donc l'absolue nécessité et la perfection des modes de la substance décrits dans les chapitres 4 à 6 de la première partie du *Court traité*. Dans le chapitre 4 § 3, la nécessité des œuvres divines est décrite à l'aide du langage théologisant adopté dans le traité, dans un but démythifiant[1] : « Nous disons donc, puisque tout ce qui advient est fait par Dieu, et doit être de ce fait nécessairement prédéterminé par lui, sinon il serait changeant, que ce serait alors en lui une grande imperfection, et que cette prédétermination doit être en lui de toute éternité, éternité dans laquelle il n'y a ni avant ni après. Il suit de là forcément que Dieu n'a pu prédéterminer les choses d'aucune autre manière, sinon comme elles sont déterminées déjà de toute éternité, et que Dieu n'a pu exister ni avant ni sans cette détermination »[2]. De là dérive que Dieu ne peut pas omettre de faire ce qu'il fait, ou, pour le dire en d'autres termes, qu'il ne peut pas omettre d'actualiser tout ce qui est dans son intellect infini. Donc la totalité des effets qui dérivent de la cause première est identique à la totalité des idées présentes dans l'intellect divin, et par conséquent elle est infinie et parfaite. De là dérive aussi la définition de la « vraie liberté », qui ne consiste pas dans le pouvoir de Dieu de faire ou de ne pas faire, puisque elle « *est uniquement ou n'est rien d'autre que la cause première*, laquelle n'est aucunement contrainte ni nécessitée par autre chose, et par sa seule perfection est cause de toute perfection »[3]. La liberté est donc définie ici comme une indépendance totale de toute autre chose, possible comme telle seulement en Dieu, puisque toute autre chose existe et agit de façon concomitante et dépendante avec et d'autre chose. Pour ce qui est de la définition de la liberté comme indépendance à l'égard d'autre chose, ou absence de contrainte de la part d'autre chose, remarquons qu'il s'agit bien d'une définition hobbesienne dans la mesure où l'absence d'obstacles ou d'empêchements permet à l'acte de volonté (déterminé) d'être traduit en pratique. Je reviendrai plus loin sur ce point, lorsque nous examinerons le concept de liberté humaine.

---

1. Sur cet argument, je renvoie à F. Mignini, « Die theologische Terminologie in Spinozas *Korte Verhandeling* », *Studia Spinozana*, 14 (1998), Würzburg, Königshausen & Neumann, 2003, p. 137-157.

2. *Œuvres, op. cit.*, p. 231.

3. KV 1, 4, 5, *Œuvres, op. cit.*, p. 231.

Quoi qu'il en soit, notons qu'une autre notion spinoziste, qui traduit philosophiquement dans le KV 1, 5, le concept de providence, à savoir la notion de *conatus*, est présente dans des termes analogues chez Hobbes aussi. La pulsion de se conserver soi-même concerne pour Spinoza l'intégralité de la nature et consiste dans l'ensemble des lois par laquelle elle produit ses effets immanents (providence universelle); en revanche, la pulsion à travers laquelle chaque chose singulière tend à se conserver indéfiniment se nomme providence particulière. La relation avec le conatus hobbesien apparaît évidente quand Spinoza, dans l'*Éthique*, définit le conatus ou pulsion comme l'essence de l'homme : cette pulsion, si l'on se réfère seulement à l'esprit, se nomme volonté; si au contraire on se réfère soit à l'esprit soit au corps, elle se nomme appétit. Le passage décisif, pour notre développement, est celui qui précise que l'appétit, exprimant l'essence même de l'homme, constitue l'inclination nécessaire vers ce qui garantit la conservation, déterminant l'homme à accomplir les actions qu'il accomplit[1]. C'est là que se fonde la connexion entre appétit, conatus et détermination à agir. Cette détermination à agir créée par l'appétit-pulsion est si forte et si fondamentale qu'elle constitue l'unique fondement de la vertu[2], ainsi, évidemment, que du vice. Le rôle fondateur de la pulsion-conatus est tel que Spinoza est amené à inverser le rapport traditionnel entre la connaissance et le jugement : «Nous ne nous efforçons à rien, ne voulons, n'appétons ni ne désirons aucune chose, parce que nous la jugeons bonne; mais, au contraire, nous jugeons qu'une chose est bonne parce que nous nous efforçons vers elle, la voulons, appétons et désirons»[3].

La causalité déterminante de l'appétit est démontrée plus avant dans le chapitre 6 de la première partie du *Court traité*, où Spinoza soutient qu'il n'y a aucune contingence dans la nature, ou, pour le dire autrement, que dans la nature il existe toujours une cause déterminée de ce qui existe en tant qu'il existe, et de ce qui n'existe pas en tant qu'il n'existe pas. Cette détermination causale nécessaire de chaque phénomène ou événement, étant fondée *ab aeterno* dans la nature divine elle-même, est la traduction philosophique du concept théologique traditionnel de « prédestination ». Et de cette causalité universelle Spinoza déduit, tout à fait dans la ligne de Hobbes, non seulement que la volonté, entendue comme faculté, n'existe pas, mais aussi que chaque acte de volonté, chaque volition est déterminée

---

1. E3P9S. Il est bien connu que le droit naturel fondamental que Hobbes reconnaît, y compris dans l'état civil, est justement celui de la conservation de soi (cf. *De cive*, I, 1, 7).
2. E4P22C.
3. E3P9S.

par une cause précise : « Et il apparaît clairement encore à partir de là, que telle ou telle volonté de l'homme doit avoir une cause externe, par laquelle elle est causée nécessairement, car l'existence de la volonté n'appartient pas à l'essence de l'homme »[1].

La question de la volonté est reprise, avec une référence explicite au libre arbitre, dans les chapitres 16-17 de la seconde partie et dans les conclusions relatives aux avantages de la détermination nécessaire des actions humaines qui sont exposées au chapitre 18 : « Maintenant que nous savons ce que sont bien et mal, vérité et fausseté, et aussi en quoi consiste le bien-être d'un homme parfait, il est temps d'en venir à la recherche de ce que nous sommes et de voir si nous parvenons à ce bien-être librement ou par nécessité »[2]. Par « libre volonté », Spinoza entend ici la faculté de vouloir considérée comme indépendante des causes externes et par conséquent capable de s'autodéterminer à telle ou telle volition. La thèse soutenue par Spinoza (comme par Hobbes) est qu'une telle faculté n'existe pas et que les volitions particulières sont déterminées ou générées par des causes externes précises. Et par conséquent qu'elles ne sont pas libres. Le même argument est repris en E2P48 et E2P49 et S, où quatre objections contre la détermination du vouloir sont de plus discutées, et où sont illustrées les sept avantages exposés dans le chapitre 18.

Abandonnant le langage volontairement théologisant du *Court traité*, l'*Éthique* confirme, à l'aide d'une méthode et un langage inspirés de la géométrie d'Euclide, l'absolue nécessité et l'absolue détermination de tous les modes, et, en particulier, des actions humaines. Une fois démontré qu'il existe une seule substance, et que cette dernière est absolument infinie, la P15 de la première partie affirme que tout ce qui existe est en Dieu et que rien ne peut être et être conçu sans Dieu. Cela signifie qu'aucun mode n'est *causa sui* et autosuffisant, mais est causé par Dieu, existe en Dieu et n'est concevable qu'à travers le concept de Dieu. Si donc de la nécessité de la nature divine découlent une infinité de choses en une infinité de modes[3], Dieu agit par les seules lois de sa nature et n'est contraint par personne. Il s'ensuit que Dieu n'est contraint ni intrinsèquement ni extrinsèquement par quelque cause que ce soit à agir, et donc que seul Dieu est absolument libre[4].

---

1. KV1, 6, 5, *Œuvres, op. cit.*, p. 239.
2. KV2, 16, 1.
3. E1P16.
4. E1P17C1-2.

De ce qui précède dérive ceci : aucune chose ne peut se déterminer soi-même à agir si elle n'est pas déterminée à agir par Dieu même ; en d'autres termes, tout ce qui est déterminé à agir est déterminé par une série causale qui trouve en Dieu sa cause première, et c'est pourquoi on peut dire qu'il est déterminé à agir par Dieu lui-même[1]. Quand on affirme que c'est Dieu qui détermine une chose à agir, on ne doit pas entendre que cette détermination par Dieu advient de façon immédiate, mais qu'elle se détermine à travers une série infinie de causes finies[2]. On perçoit dans ces propositions l'écho de ce que rappelait Hobbes : il faut considérer la cause déterminante d'une action comme une chaîne multiple et globale de causes ayant en Dieu son premier maillon.

D'autre part, la P27, selon laquelle « une chose qui est déterminée par Dieu à produire quelque effet, ne peut se rendre elle-même indéterminée », c'est-à-dire ne peut pas se soustraire à cette détermination, comme si la suffisance de la cause n'était pas en même temps nécessité de la production de l'effet, reprend conceptuellement la thèse hobbesienne rappelée plus haut de l'identification de la cause nécessaire et de la cause suffisante. Il s'agit d'un principe que Spinoza suit lui aussi constamment, observant à différentes occasions que si une cause, considérée comme telle, c'est-à-dire suffisante pour produire un effet, ne le produisait pas nécessairement, elle ne serait pas une cause, et impliquerait contradiction[3].

De ces doctrines on peut tirer les trois conclusions suivantes.

1) Toute forme de contingence est éliminée de la nature, puisque « tout y est déterminé par la nécessité de la nature divine à exister et à produire quelque effet d'une certaine manière »[4]. Pour la question qui nous intéresse ici, ce passage souligne que la détermination ne concerne pas seulement l'existence, mais aussi les actions de ce qui est capable d'en accomplir. En d'autres termes, ce ne sont pas les choses qui agissent, mais c'est Dieu lui-même, c'est-à-dire la puissance absolue de la nature divine, qui agit en elles à travers la même série infinie des causes secondes qui ont déterminé l'existence de ces choses. Et ici, disons pour gagner en précision et en détermination que chaque chose agit à travers le système mécanique de pulsions d'autoconservation ou d'appétits auquel il a été fait référence plus haut. Et dans cette direction également, comme on l'a vu, Spinoza refait le

---

1. E1P26.
2. E1P28.
3. On le voit à propos, par ex., de KV 1, 6, 2-3.
4. E1P29.

chemin du raisonnement déployé par Hobbes, même si c'est dans un autre cadre ontologique.

2) La seconde conclusion est que « la volonté ne peut être appelée cause libre, mais seulement cause nécessaire »[1]. En effet, comme elle s'identifie avec une volition déterminée, et n'existe pas en tant que telle, sinon comme un être de raison, elle ne peut exister sans une cause déterminée, qui renvoie à une autre cause, et ainsi à l'infini. La nécessité de cette concaténation universelle exige que pas même la cause première n'agisse à travers la liberté du vouloir, mais que la prétendue volonté de Dieu se rapporte à Dieu exactement comme le mouvement et le repos se rapportent à la nature divine. Pour le dire autrement, l'attribution à Dieu d'une volonté libre relève d'une anthropomorphisation impropre de Dieu, et de plus erronée, puisque la volonté, comme on l'a vu, n'est pas accordée à l'homme, et que la liberté de Dieu ne consiste pas dans le fait qu'il puisse vouloir indifféremment, mais dans le fait que sa nature infinie ne connaît aucun obstacle à son action. Sur ce point, la différence avec Hobbes est radicale.

3) Il s'ensuit enfin que les choses n'auraient pas pu être créées par Dieu d'une autre manière que celle dont elles ont été créées, et ne pourraient pas non plus être modifiées par Dieu dans leur existence actuelle, parce que toute modification impliquerait une modification de Dieu. C'est pourquoi toutes les choses, étant produites nécessairement par la perfection suprême de la nature divine, sont parfaites dans leur totalité et dans leur singularité[2].

Chez Spinoza comme chez Hobbes le fondement dernier de la détermination nécessaire de toutes les choses et de toutes les actions est la puissance absolue de Dieu, ou, comme on le lit chez Hobbes, son omnipotence. Avec cette différence que Spinoza fait de la puissance de Dieu son essence même, et non pas seulement dans le sens où la puissance ne peut excéder l'essence, mais précisément dans le sens où la puissance absolue est à proprement parler ce qui fait que Dieu est Dieu[3]. De cela, il suit que tout ce qui est au pouvoir de Dieu, c'est-à-dire qui est enveloppé par son essence infinie, existe nécessairement[4]; et enfin, puisque tout ce qui existe n'est rien d'autre qu'une détermination de la seule puissance infinie de Dieu, il s'ensuit qu'il n'est rien qui ne soit suivi de quelque effet[5], et ne devienne par là même un maillon d'une chaîne causale infinie. C'est là,

---

1. E1P32.
2. KV1, 6, 9 : « Toutes les choses et les actions qui sont dans la Nature sont parfaites » ; même affirmation en E1P33S2.
3. E1P34.
4. E1P35.
5. E1P36.

enfin, l'explication dernière de la possibilité et de la réalité de la détermination nécessaire de toutes les choses et de toutes les actions.

La doctrine de la liberté humaine

On a vu que la liberté pleine et absolue réside seulement dans la *causa sui*, laquelle, étant une puissance absolue et unique, ne connaissant aucun obstacle, est donc absolument libre[1]. Ce concept trouve sa formulation définitive en E1Def7, où on peut lire : « Cette chose est dite libre qui existe par la seule nécessité de sa nature et est déterminée par soi seule à agir : cette chose est dite nécessaire ou plutôt contrainte qui est déterminée par une autre à exister et à produire quelque effet dans une condition certaine et déterminée ». Dans cette définition, on peut observer au moins deux choses. Tout d'abord, qu'il s'agisse de la chose libre ou qu'il s'agisse de la chose nécessitée ou contrainte on ne sort jamais du domaine de la détermination. La différence entre les deux états dépend uniquement de l'agent déterminant : s'il est déterminé par lui-même il est libre, s'il est déterminé par autre chose, il est asservi ou contraint. Maintenant, ce qui est déterminé seulement par soi-même est la *causa sui* ; donc, en termes absolus, il n'y a de liberté que dans la *causa sui*. Tout le reste relève du domaine de la servitude, à moins que, conscient de sa situation, l'on soit capable d'acquérir pour soi, à l'aide stratégies de connaissance déterminées, des espaces plus ou moins grands, mais jamais absolus, de liberté.

La seconde considération qu'il nous faut faire concerne le sens et l'extension possible de la liberté humaine, qui coïncide avec ce même processus de libération, jamais définitif, des causes externes. Le critère adopté pour juger de la liberté de Dieu est en effet transposé aussi à l'homme, qui ne sera jamais absolument libre, c'est-à-dire capable d'exprimer pleinement sa nature en totale indépendance des causes externes, mais qui est capable de conquérir des espaces toujours plus grands de liberté, dans la mesure où il apprend à agir selon sa nature propre. La vraie liberté humaine consiste donc dans l'exercice de ces instruments qui expriment la puissance de l'homme, comme la raison et l'intellect : ils le conduisent à l'amour et à l'union avec Dieu qui, étant immuable, confère également stabilité et force à ce qui est uni à lui. Le *Court traité* en arrive pour finir à fonder sur cette union l'immortalité de l'esprit, qui, par nature, n'existe pas[2]. La définition de « liberté humaine » que nous lisons dans le dernier paragraphe du dernier chapitre du *Court traité* est la suivante : « [La liberté

---

1. KV1, 4, 5 ; KV1, 3, 2 ; E1P17C1-2.
2. KV2, 23 ; mais voir également KV2, 26, 5-6.

humaine] c'est une existence ferme que notre entendement acquiert par l'union immédiate avec Dieu, pour pouvoir produire en lui-même des idées, et en dehors de lui-même des effets qui s'accordent à sa nature, sans pour autant que ces effets dépendent d'aucune cause extérieure qui puisse les altérer ou les transformer »[1]. Une note du même paragraphe précise de façon plus synthétique : « La servitude d'une chose consiste en sa soumission à une cause extérieure ; la liberté, au contraire, consiste à ne pas lui être soumise, mais à en être libérée ». Les dispositifs théoriques mis en place par Spinoza dans la deuxième partie du *Court Traité* et dans les quatrième et cinquième parties de l'*Ethique* tendent justement à créer les conditions permettant d'obtenir la plus grande liberté possible pour l'homme. Traduite en termes hobbesiens, la liberté possible de l'homme consiste dans la suppression toujours plus grande de ce qui empêche d'exprimer sa propre nature, et qui consiste dans la force des causes externes. A proprement parler, la suppression de l'empêchement ne consiste pas à éliminer ou diminuer la force des causes externes, considérées en elles-mêmes, mais, à travers un travail adéquat de connaissance et d'auto-connaissance et une manière de vivre qui lui soit adaptée, à réduire l'impact asservissant et négatif des causes externes sur nous. En d'autres termes, la voie indiquée par Spinoza est celle qui consiste à se soustraire, autant qu'il est possible et dans la mesure consentie à chacun, à la force déterminante des causes externes. On note que ce qui concerne l'extension plus ou moins grande de la liberté par rapport aux causes externes, dans le même individu ou dans la confrontation de différents individus, converge de façon significative avec la définition de la liberté que donne Hobbes dans le *De cive*[2].

Il convient de développer à ce propos une double considération quant aux rapports de cette doctrine avec la doctrine de la liberté présente chez Hobbes. En premier lieu, l'horizon d'une absolue détermination des causes certaines et déterminées étant bien confirmé dans les deux systèmes, la définition spinoziste de la liberté comme indépendance de toute coaction externe reprend à la lettre celle que donne Hobbes et que nous avons rappelée ici. En second lieu, cependant, une différence substantielle mérite d'être soulignée. Quelque soit la qualité de l'acte de volonté, ce dernier semble néanmoins exprimer, pour Hobbes, la nature humaine et ses lois. Chez Spinoza, au contraire, une exigence supplémentaire semble être instituée, qui était absente chez Hobbes, et qui consiste à identifier une nature humaine « parfaite » et à considérer comme libre l'action qui se conforme

---

1. KV 2, 26, 9.
2. Cf. *supra*, note 1, p. 95.

à cette nature, en se soustrayant à la force de détermination et de détournement que possède les causes externes[1]. Il est clair que pour Spinoza aussi toute action exprime la nature humaine : la distinction entre liberté et sujétion se fonde toutefois en relation avec cette idée de nature humaine parfaite qui, réalisée, est capable d'exprimer la plus grande puissance possible pour l'homme; irréalisée, elle exprime au contraire l'impuissance. En d'autres termes, il semble que Spinoza, à travers le dispositif d'éducation qu'il met en place, veuille introduire la liberté dans la constitution même de l'appétit et de l'effort, formant les appétits et le *conatus* qui expriment la puissance humaine seule, et, en ce sens, sont des expressions de la liberté. Hobbes, avec son mécanicisme matérialiste, se préoccupe de décrire les phénomènes relatifs au monde humain, en les laissant au jeu des causes déterminantes et en cherchant à garantir sur le plan de l'organisation sociale et politique le plus de liberté possible. Pour Hobbes, la morale ne se mesure qu'aux lois, qui instituent le bien et le mal, et non à une définition du bien et du mal humains ou d'une nature humaine parfaite.

---

1. Voir, à cet égard la préface de la quatrième partie de l'*Ethique*, mais aussi KV2, 4, 5-8 ; KV2, 6, 7.

PENSER LA CONTINGENCE : LEIBNIZ CONTRE HOBBES

JEAN-MAURICE MONNOYER

Le fait que Leibniz se soit réclamé de la lecture de Hobbes dans sa jeunesse n'est pas un fait négligeable ; mais nous n'avons pas à en parler ici. Cette influence, plus ou moins détournée et assimilée de sa part[1], ne lui interdit nullement, par la suite, de faire une très sévère critique de ce philosophe, et en particulier à l'occasion de la parution de sa *Théodicée* en 1710. Ce sont ces *Réflexions sur l'ouvrage que M. Hobbes a publié en anglais de la liberté, de la nécessité et du hasard* (2ᵉ appendice de la Partie

---

1. Dans un premier temps, Leibniz qui l'a lu à la fin des années 1660, prend connaissance du nominalisme de Hobbes et de sa théorie du calcul cognitif qu'il résume à quelques opérations mentales sur des propositions réduites à des termes – l'intérêt est de ne plus présenter une philosophie dogmatique ; on sait bien sûr depuis Couturat au moins (*La Logique de Leibniz*, 1901, appendice 2, p. 457-472), qu'il n'est pas plausible de retrouver strictement chez Hobbes l'idée de la caractéristique universelle, mais que Leibniz connaissait bien la référence au *De Corpore* I, 2, qu'il évoque dans la *Dissertation de arte combinatoria* d'après laquelle il n'y a pas de différence significative entre penser et calculer. D'autres références sont très significatives, toujours dans le *De Corpore*, II, 15, et III, 7 et III, 10, sur la théorie de la vérité où « le prédicat est contenu dans le (terme) sujet », sauf que pour Hobbes ce point n'est pas vrai des propositions contingentes (du type : « tout homme est un menteur »), Nous savons aussi que Leibniz se réfère à la théorie hobbesienne du *conatus* et de l'*endeavour* dans sa *Theoria motus abstracti* de 1671. C'est probablement l'aspect le plus vif de leur convergence : si Hobbes définit le *conatus* dans le *De Corpore*, comme un mouvement « à travers un point » – cette *propensité* est reprise dans la *Theoria motus abstracti* telle une sorte de mouvement infinitésimal. De son côté, Hobbes revient dans le *Leviathan* VI, 1, sur la notion de l'*endeavour* : en tant que le commencement du mouvement est déjà volition, ou comme si la volition était conçue à son tour tel un commencement infinitésimal de l'action, qui ne doit rien à l'âme du corps de l'animal (ainsi pour *frapper, marcher, parler*, qui dépendant de la situation où le corps est placé). Leibniz fournit de son côté une interprétation nouvelle qui n'est pas vitaliste, bien qu'elle doive à Hobbes une partie de sa force.

III), qui nous occuperont principalement dans ce qui suit. D'autres textes antérieurs sont là aussi pour témoigner que Leibniz avait (croyait-il) une sorte de remontrance publique à faire, comme la *Conversation sur la liberté et le destin*[1], qui dénonce déjà avec quelque virulence les « disciples » de Hobbes « qui ne se soucient point s'il y a un Dieu, ou du moins s'il est bon ou non, prétendent que tout se fait d'une nécessité fatale, absolue ou sans choix, et que Dieu est l'auteur du mal, même moral, et le veut comme le bien »[2]. Leibniz revient, dans l'appendice de la *Théodicée*, en douze alinéas, sur la longue discussion du texte qui avait suscité la réponse de John Bramhall, évêque de Derry (puis à la fin de sa vie Primat d'Irlande), sourcilleux théologien de la Réforme en Angleterre, que Franck Lessay présente habilement dans l'édition Vrin de 1993[3][4]. Ce premier livre de Hobbes était paru sous le titre primitif : *De la liberté et de la nécessité*[5], en réponse déjà à certaines des objections de Bramhall au *De Cive*, qui avaient été formulées dès 1645 ; le même John Bramhall publie ensuite *La Capture du Léviathan*, et Hobbes est contraint d'y répondre à son tour. Et pourtant, c'est à un autre ouvrage encore : *Les questions concernant la liberté, la nécessité et le hasard*[6] – une compilation augmentée des précédents – auquel choisit de se référer Leibniz. A ses yeux, c'est bien la question même de la consistance du système de Hobbes qui est ébranlée par ce jeu complexe d'animadversions et d'objections, qui ne sont pas seulement curieuses, mais tantôt scolastiques, et parfois typiquement sectaires, sans relever pour autant de la petite histoire. John Bramhall – qui se faisait fort d'écraser la *superstition de Rome* en même temps que la *superstition de Genève* et de revenir contre Calvin à une sorte de religion primitive gérée par l'épiscopat – défend avec un certain mordant que la raison et les écritures nous persuadent que nous disposons d'une liberté *véritable*, alors que le naturalisme de Hobbes exclut justement (et à la lettre) toute nécessité « morale ». En d'autres termes, selon Bramhall, c'est l'économie des sources de la Création en Dieu qui est renversée par cette *nécessité absolutisée* dont Hobbes se fait le défenseur. Une brève allusion dans le

---

1. 1703, *Grua* II, p. 478-486.
2. Cité ici d'après C. Fremont, GF-Flammarion, 1996, p. 58.
3. Th. Hobbes, *De la liberté et de la Nécessité*, édition de F. Lessay, Œuvres XI-1, Vrin, Paris, 1993.
4. Pages 15-19.
5. Th. Hobbes, *De la liberté et de la Nécessité, op. cit.*
6. Th. Hobbes, *Questions concernant la liberté, la nécessité et le hasard*, Œuvres tome XI-2, Paris, Vrin, 1999.

premier livre de la *Théodicée* (I, § 72)[1], montre que Leibniz avait été témoin de cette dispute européenne : il faut en effet se souvenir que la querelle avait pour décor d'arrière-plan (en France) la bataille entre jansénistes et molinistes, dès 1642. Plusieurs points importants ressortent de ces réflexions leibniziennes que nous allons essayer d'envisager successivement, bien que cette succession ne soit que de présentation, car ces sujets très lourds et complexes (surchargés par une énorme littérature) ne sont pas distingués entre eux aussi clairement ; on me permettra en particulier de ne pas prendre principalement appui sur l'évolution interne de la doctrine de Leibniz. Ces points sont les suivants : 1) celui de la contingence, contre la nécessitation ; 2) celui des décrets divins et de la futurition ; 3) celui de la liberté, contre le libre-arbitre.

Parmi les pistes de lecture qui pourraient donc être dégagées selon nous de cet examen du texte des *Réflexions* publié en appendice de la *Théodicée*, la première concerne l'intérêt que prend Leibniz à cette querelle. S'agirait-il pour lui de constater le renversement philosophique de la preuve cosmologique, dite *a contingentia mundi* ? Selon cette vénérable preuve, telle que Leibniz l'a reprise et transformée, *le meilleur des mondes, dans les faits – ou ab effectu – est le meilleur des mondes possibles. Mais l'existence du monde des faits n'est pas nécessaire. Il faut par conséquent développer une stratégie pour faire passer la nécessité métaphysique (ou la nécessité brute), selon laquelle le contraire implique contradiction, sous la nécessité morale, qui relèverait du principe du meilleur,* tant le meilleur des mondes ne peut être frappé d'arbitraire. Je reformule ce problème dans la version de N. Rescher[2]. Seule l'existence d'un Dieu existentiellement nécessaire pourrait justifier la totalité des situations au cas par cas et l'infinie convergence de la série des causes indépendantes. Est-il convaincant de le formuler de la sorte ? Dejà le § 7 de la *Théodicée* (I) présente une version un peu différente :

> *Dieu est la première raison des choses* : car celles qui sont bornées, comme tout ce que nous voyons et expérimentons ; sont contingentes et n'ont rien en elles qui rende leur existence nécessaire, étant manifeste que le temps, l'espace, et la matière unies et uniformes en elles-mêmes et indifférentes à tout, pouvaient recevoir de tout autres mouvements et figures et dans un autre ordre. Il faut chercher *la raison de l'existence du monde*, qui est l'assemblage entier des choses *contingentes*, et il faut le chercher dans *la*

1. G. W. Leibniz, *Essais de théodicée, Sur la bonté de Dieu, la liberté de l'homme et l'origine du mal*, édition de J. Jalabert, Paris, Aubier, 1952.
2. N. Rescher, *Leibniz's Metaphysics of Nature*, Dordrecht, Reidel, 1981.

substance qui porte la raison de son existence avec elle, et laquelle par conséquent est *nécessaire* et éternelle. Il faut aussi que cette cause soit *intelligente* : car ce monde qui existe étant contingent et une infinité d'autres mondes étant également possibles et également prétendants à l'existence, pour ainsi dire, aussi bien que lui, il faut que la cause du monde ait eu égard ou relation à tous ces mondes possibles pour en déterminer un. Et cet égard ou rapport d'une substance existante à de simples possibilités, ne peut être autre chose que l'entendement qui en a les idées ; et en déterminer une ne peut être autre chose que l'acte de la volonté qui choisit.

Cette puissance à faire exister et à élire intelligemment (une *substance qui porte avec elle la raison de son existence*) rend par là même efficace la volonté divine déterminée, mais il n'est pas sûr que les exégètes partagent tous le même point de vue sur cette forme de détermination qui s'assimile à la pré-ordination. Leibniz, en tant qu'interprète très averti de ses propres formulations, fera varier cette preuve « cosmologique », diamétralement opposée aux systèmes de Spinoza et de Hobbes. Car à considérer « l'assemblage entier des choses contingentes », cela pourrait vouloir dire aussi que la *simple volonté* de Dieu n'est pas en soi une *raison suffisante* pour l'expliquer en tant que tel dans sa complication (s'il s'agit bien d'un assemblage) ; et que, si Dieu n'a pas pu choisir de créer un autre monde parmi d'autres possibles, – et par exemple de placer autrement la matière dans l'espace uniforme, pour reprendre l'un de ses exemples –, c'est qu'il lui semblerait indifférent de le vouloir autre qu'il n'est, en sorte que son pouvoir de choisir apparaîtrait alors probablement amoindri dans son intelligence même par la profusion des possibles non réalisés. Contre ce sophisme, Leibniz répond ultimement à Clarke en 1716[1], en ré-affirmant qu'il estime que cette *indifférence vague* qu'on projette en Dieu à l'égard de ses choix « est chimérique absolument », « de même que dans les créatures ». Leibniz a toujours suspecté cette liberté d'indifférence, sous toutes les formes où elle s'est présentée à lui. A ses yeux, rien n'a été jamais indifférent dans l'efficace des desseins de Dieu (fût-ce « relativement », quand il s'en prend, en effet, au caractère inéluctable du passé). Par conséquent, chaque fois qu'on invoque une sorte de *déterminisme intellectuel* chez Leibniz, par exemple un déterminisme moral fondé sur la prescience en Dieu auquel il semble inviter en effet, mais en dehors de cette loi théologique de la détermination ou de la pré-ordination –, on n'explique nullement par ce moyen son refus de la fatalité, ou de la nécessité aveugle ; on ne fait rien que limiter les options possibles à celles qui sont *logiquement possibles* – parce

---

1. *Troisième écrit à Clarke, in* L. Prenant, I, p. 417.

qu'elles seraient purement dématérialisées dans l'entendement divin, et il semble alors qu'on le pousse insensiblement vers une doctrine du type de celle de Hobbes. C'est à cela que répond l'alinéa 6 que nous analyserons ci-dessous dans le premier paragraphe (le but étant de montrer que Leibniz ne partage pas l'actualisme de Hobbes et défend la vérité des futurs contingents, et par conséquent que cette possibilité de rapprochement n'est pas réelle).

La seconde piste de lecture concerne le *sujet politique réel de la théodicée* : comment le Dieu de la prescience chez Hobbes peut-il se représenter à nous comme un Dieu Tyran, « usant d'un pouvoir absolu » ? Leibniz ne se fait pas prier pour écrire dans ses *Réflexions* contre Hobbes : « il paraît en effet que suivant le sentiment de cet auteur, Dieu n'a point de bonté, ou plutôt que ce qu'il appelle Dieu n'est rien que la nature aveugle de l'amas des choses matérielles, qui agit selon les lois mathématiques, suivant une nécessité absolue, comme les atomes le font dans le système d'Epicure ». Dans ces lignes, la question des décrets divins n'est donc pas moins cosmologique que celle qui est liée à la critique du volontarisme de Hobbes.

La troisième a été moins frayée, moins pratiquée dans les commentaires : Leibniz examine avec un intérêt suspicieux – mais, finalement aussi, presque affable – la conception que se fait Hobbes de la volonté. C'est alors la nature de la liberté dans son concept, examinée par lui dans les alinéas 4 et 5 qui mérite d'attirer l'attention. Sans réelle surprise, on retrouve le centre du problème soulevé ici en commençant : la nécessité de la contingence – s'il était permis de le dire ainsi – présuppose la volonté des hommes et leur concours ; mais si la volonté de Dieu ne produit positivement *que du contingent*, où peut se faire la démarcation causale entre l'action mécanique et le péché, entre l'ensemble des conditions antécédentes, et le reniement de Dieu dont l'homme seul est responsable (comme il est expliqué à l'article XXX du *Discours de Métaphysique* avec le cas de Pierre et de Judas). Faut-il penser en ce cas, tel que disait Luther dans le *De Servo Arbitrio*, que le péché originel est comme la barbe qui repousse chaque jour, participant de la « nécessité absolue des événements » *passés et futurs ?* Cette forme de *coaction*, comme on disait dans le jargon de Luther, n'est pas celle que Leibniz envisage, pourtant il en fait incidemment reproche à l'auteur du *Leviathan*.

LA CONTINGENCE, CONTRE LA NÉCESSITATION

Quand John Bramhall publie en réponse à Hobbes : *A Defence of True Liberty from Antecedent and Extrinsecal Necessity, being an answer to a late book of Mr. T. Hobbes intituled* A TREATISE OF LIBERTY AND NECESSITY, on sait que cette réponse est datée de 1655, et que le traité de Hobbes était paru un an plus tôt. Mais la controverse avait commencé bien avant en France, lors de l'exil des deux hommes; elle ressemble à une chicane, « comme il arrive quand on est piqué au jeu » nous dit Leibniz. La diatribe se développe en forme de controverse : les répliques amènent des « dupliques » aux répliques, jusqu'à la publication « de toutes les pièces ensemble » en 1656[1]. Le sujet reste bien celui de la liberté véritable contre la nécessité *antécédente et extrinsèque*, ainsi que le mentionne Bramhall dans son titre. Leibniz reprend cette querelle *in terminis* pour y interroger plus directement Hobbes, mais en prenant d'ailleurs aussi la défense de Bramhall qui lui oppose déjà ce qui fera le cœur de son argument : *la différence entre une nécessité hypothétique et une nécessité absolue*[2]. Cette différence entre les deux nécessités est, on le sait, une des topiques favorites de Leibniz qu'il a porté à un degré d'excellence rarement atteint, bien que l'argument soit déjà présent chez les Scolastiques et par particulier chez Thomas[3]. Sa critique se concentre au début de ces *Réflexions* sur la détermination du Souverain.

> Il faut avouer qu'il y a quelque chose d'étrange et d'insoutenable dans les sentiments de M. Hobbes. Il veut que les doctrines touchant la Divinité dépendent entièrement de la détermination du Souverain, et que Dieu n'est pas plus cause des bonnes que des mauvaises actions des créatures. Il veut que tout ce que Dieu fait est juste, parce qu'il n'y a personne au-dessus de lui qui le puisse punir et contraindre. Cependant, il parle quelquefois comme si ce que l'on dit de Dieu n'était que des compliments, c'est-à-dire des expressions propres à l'honorer, et non pas à le connaître. Il témoigne ainsi qu'il lui semble que les peines des méchants doivent cesser par leur destruction; c'est à peu près le sentiment des sociniens, mais il semble que les siens vont bien plus loin. Sa philosophie, qui prétend que les corps seuls

---

1. Voir l'essai d'interprétation de Luc Foisneau, Vrin 1999, p. 19-35, qui permet de comprendre l'ironie leibnizienne.

2. *QNL*, art 35, p. 83, p. 381 *sq.*

3. Voir entre autres passages, ceux de la *Theodicée* § 37, et le *Discours de Métaphysique*, XIII. Voir également Thomas, *Somme contre les gentils*, I, chap. 67, GF-Flammarion, 1999.

sont des substances, ne paraît guère favorable à la providence de Dieu et à l'immortalité de l'âme [1].

Le verdict semble complet et définitif. Pourtant, il est encore relatif. Ainsi, à commencer par le Souverain, la position de Hobbes est spécifique : elle n'est pas *athée* en toute rigueur – quoique Leibniz en dise. Elle serait plutôt *contre-providentialiste* (ce que lui reproche effectivement Leibniz, car pour Hobbes, « la cause première [Dieu] est une cause nécessaire de tous les effets qui en résultent immédiatement »)[2]. On peut en donner une formulation presque circulaire ou sui-référentielle, en citant ce passage du *De Cive* (XV, 5-6) : « en Dieu *tout-puissant*, le droit de dominer dérive de la *puissance* elle-même »; voilà bien le modèle d'une nécessité extrinsèque, qui n'est pas anthropologique, puisqu'elle reste en effet étrangère à celle des agents libres. Dieu peut punir – non pas parce que l'homme a péché (ou parce que l'homme aurait la liberté de le faire et de se damner, « un certain Judas dont la notion ou idée que Dieu en a contient cette action future libre »[3]); – il y est engagé en vertu de sa puissance même, parce que la crainte qui lui est due est le reflet de la faiblesse des hommes. Hobbes refuse de penser que la *puissance irrésistible* de Dieu[4] soit autre chose qu'une omnipotence qui, dès qu'elle est acceptée sur le plan théologique, s'inscrit au sein d'une royauté naturelle au titre d'une cause totale unique ». Pourtant, on ne discute pas encore ici la question de savoir si les volontés humaines ont été absorbées ou enrégimentées dans cet enchaînement de causes : on s'en tient à une *volonté éternelle* en Dieu. En réponse à Bramhall, Hobbes soutient qu'il existe une forme ritualisée de la piété, par où nous nous formons une opinion de la puissance divine :

> Celui, donc, qui pense que les toutes choses procèdent de la *volonté éternelle* de Dieu, et par conséquent sont nécessaires, ne croit-il pas que Dieu soit omnipotent ? N'a-t-il pas pour sa puissance, autant de respect qu'il est possible, ce qui est honorer Dieu autant qu'il en a la capacité en son cœur ? De surcroît, celui qui pense ainsi n'est-il pas plutôt apte à en témoigner par des actes extérieurs et des paroles qui celui qui pense autrement ?[5]

A quoi Leibniz peut répondre très franchement à son tour – même s'il le fait un demi-siècle après – mais avec certaine véhémence :

1. *Théodicée*, p. 392, § 2.
2. *QLN*, p. 246.
3. *Discours de métaphysique*, article XXX.
4. *Lib. N.*, p. 70.
5. *Ibid.* p. 82.

Je trouve que l'évêque de Derry [Bramhall] a au moins raison de dire que le sentiment des adversaires est contraire à la piété, lorsqu'ils rapportent tout au seul pouvoir de Dieu; et que M. Hobbes ne devait point dire que l'honneur ou le culte est seulement un signe de la puissance de celui qu'on honore, puisqu'on peut encore et qu'on doit reconnaître et honorer la sagesse, la bonté, la justice et autres perfections [...]; et que cette opinion qui dépouille Dieu de toute bonté et de toute justice véritable, qui le représente même comme un tyran, usant d'un pouvoir absolu, indépendant de tout droit et de toute équité, et créant des millions de créatures pour être malheureuses éternellement, et cela sans autre vue que celle de montrer sa puissance; que cette opinion, dis-je, est capable de rendre les hommes très mauvais[1].

Quand Hobbes argumente ensuite en réclamant que Dieu dispose aussi du « pouvoir de se rendre aimable », Bramhall proteste légitimement « car c'est abuser des termes par un faux-fuyant ». Pourtant Leibniz, de son côté, montre justement en ce sens étroit qu'il est incongru de prétendre que Hobbes eût prouvé « la nécessité absolue de toutes choses », puisqu'il refuse de se prononcer sur la justice punitive (ou « vindicative »[2]). Dieu n'aurait plus de raison de châtier, si sa volonté est éternellement co-présente. A un autre endroit, Leibniz reprendra certaines des objections de Bramhall qui traitent du même thème. A l'évidence, il serait tout aussi malvenu de décontextualiser cette rhétorique religieuse[3]. Car ce même Souverain, étant admis qu'il ne fait pas la loi[4], est-il au sens de Skinner une sorte d'hypostase libérale du Non-droit : le nom même du système autoritaire qui se cherche une justification théologico-monarchique? Ou bien n'y a-t-il pas plutôt une « théologie de Hobbes », relativement indé-pendante de ces considérations républicanistes qui serait inspirée d'Origène et de Tertullien (comme nous aurions tendance à le penser)? Dans un premier temps, Leibniz penche pour une solution *déterministe* qui va en effet dans le second sens de l'alternative (le sens théologique). On pourrait s'en étonner, tant Leibniz ne laisse pas d'affirmer que le Dieu de Hobbes est injuste. Ce qui est *étrange* et *insoutenable* chez ce dernier (selon les prédicats dont use Leibniz) peut néanmoins l'entraîner à considérer que Hobbes n'a pas complètement tort – en dépit de cette accusation d'athéisme larvé, que Leibniz renouvelle à maintes reprises, parce qu'il la croit

---

1. *Théodicée*, éd. Jalabert, § 12, p. 401.
2. *Théodicée*, I, § 72-73.
3. voir F. Lessay, p. 46-47, dans *Lib. N., op. cit.*
4. *Ibid.* p. 76.

solidaire de sa conception corporelle de la substance et en général du naturalisme dont il se fait le héraut.

> Il ne laisse pas de dire sur d'autres matières des choses très raisonnables. Il fait fort bien voir qu'il n'y a rien qui se fasse au hasard, ou plutôt que le hasard ne signifie que l'ignorance des causes qui produisent l'effet, et que pour chaque effet, il faut un concours de toutes les conditions suffisantes antérieures à l'événement ; donc il est visible que pas une ne peut manquer, quand l'événement doit suivre parce que ce sont des conditions, et que l'événement ne manque pas non plus de suivre quand elles se trouvent toutes ensemble, parce que ce sont des conditions suffisantes. Ce qui revient à ce que j'ai dit tant de fois, que tout arrive par des raisons déterminantes, dont la connaissance, si nous l'avions, ferait connaître en même temps pourquoi la chose est arrivée, et pourquoi elle n'est pas allée autrement [1].

Ce passage correspond à la limite sémantique par où l'on pourrait dire que la contingence est pour ainsi dire « anéantie » dans la conception de Hobbes. Le hasard ne confine qu'à l'ignorance. Les conditions suffisantes sont des raisons *déterminantes* de ce qui arrive comme de ce qui n'arrive pas. Il y a même chez lui une manière de subordination du nécessaire au suffisant. Pour Bramhall, bien au contraire, la contingence ne dépend pas de notre ignorance de ces raisons, mais du *concours accidentel des causes* (il donne plus tard l'exemple de deux chevaux mal ferrés : le déplacement de la voiture n'est possible que si l'un des deux chevaux de l'attelage n'a pas perdu un fer [2]). Mais Hobbes soutient de son côté que Bramhall n'a rien compris au sens du mot *contingent*. Et nous verrons que – sur un aspect de cette question éminemment technique –, il a raison contre Bramhall, qui lui oppose une disjonction entre « libre » et « contingent ».

> [Bramhall] ne comprend pas ce que ces mots *libre* et *contingent* signifient. [...] Voici que maintenant il place les causes parmi ces choses qui opèrent *librement*. Par ces causes, il semble qu'il n'entende que les hommes, alors que j'ai montré que l'on attribue généralement la liberté à tout agent qui n'est pas empêché. Et lorsqu'un homme fait quelque chose librement, il y a beaucoup d'autres agents immédiats qui concourent à l'effet qu'il vise et qui n'œuvrent pas librement, mais nécessairement. Ainsi lorsque l'homme manie l'épée *librement*, l'épée blesse nécessairement, et ne peut ni suspendre, ni refuser son concours. A ceci [Bramhall] ne peut pas répondre, à moins qu'il ne dise qu'un homme peut originellement se mouvoir de lui-même ; or il ne pourra appuyer cette thèse sur l'autorité de

---

1. *Théodicée*, p. 392, § 2.
2. *QLN*, p. 359.

quiconque a, si peu que ce soit, considéré la science du mouvement. Quant
à *contingent*, il ne comprend pas ce que ce mot signifie, car c'est tout un de
dire qu'une chose est *contingente* ou simplement de dire *qu'elle est*, sauf
que quand l'on dit qu'elle est, on ne considère pas comment, ni par quel
moyen. En disant qu'une chose est *contingente*, on dit qu'on ne sait pas si
elle est nécessairement ou non. Mais comme l'Evêque pense que le contingent est ce qui n'est pas nécessaire, il n'oppose pas d'argument *à notre
connaissance* de la nécessité des choses à venir, mais à la *nécessité elle-
même*. En outre, il suppose que des causes libres et des causes contingentes
auraient pu suspendre ou refuser leur concours. D'où il s'ensuit que des
causes libres et des causes contingentes ne sont pas des causes par elles-
mêmes, mais en concourant avec d'autres causes et que par conséquent,
elles ne peuvent rien produire que dans la mesure où elles sont guidées par
des causes avec lesquelles elles concourent [1].

Ici la contingence est compatible avec la nécessitation, ce qui ne serait
nullement possible à vrai dire, et sous cette forme, chez Leibniz. Hobbes
reproche donc à Bramhall de ne pas saisir ce que veut dire contingence,
parce qu'il ne saisit pas ce qu'il en est de la nécessité *elle-même*. Il lui tient
rigueur de faire *concourir entre elles en les annulant* des causes libres et des
causes contingentes : on manie l'épée, croit-on librement; mais elle blesse
nécessairement. Plus grave, il estime que le prédicat d'existence est comme
superfétatoire pour la notion de ce qui est contingent, dès lors qu'on ne
discerne pas en lui ce qui devait se produire : en d'autres termes, notre
connaissance se dérobe relativement à ce qui ne pouvait pas ne pas se
produire, ou qu'on aurait pu choisir de ne pas avoir voulu. Or il n'y a pas de
loi qui dise, comme Hobbes nous le rappelle : « Vous le devez vouloir ou
vous ne le devez point vouloir ».

Leibniz se situe d'emblée sur un autre plan : il n'accepte pas « que tous
les événements [aient] leurs causes nécessaires », puisque les causes
déterminantes qu'ils ont, et dont on pourrait rendre raison, ne sont pas des
causes nécessaires (« le contraire pourrait arriver sans impliquer contradiction »). Il récuse ce nécessitarisme (« la volonté de Dieu ne produit que
des choses contingentes ») bien qu'il cite encore positivement Hobbes, à
l'alinéa 6, affirmant que Dieu prévoie les choses « non pas comme futures
et comme dans leurs causes, mais comme présentes » [2]. « Ici on commence
bien et on finit mal », ajoute-t-il. S'il est vrai *qu'il n'est pas nécessaire
qu'un événement arrive*, « parce que » Dieu l'a prévu, Leibniz corrige
aussitôt cette assertion du principe causal en forme de décret absolu : « on a

1. *QLN*, p. 90.
2. *Théodicée*, p. 396.

raison d'admettre la nécessité de la conséquence, mais on n'a point sujet ici
de recourir à la question : comment l'avenir est présent à Dieu : car la
nécessité de la conséquence n'empêche point que l'événement ou le
conséquent ne soit *contingent en soi* » (nous soulignons). Leibniz demande
qu'on comprenne que la première nécessité n'implique pas la seconde. La
necessitas consequentiae : L (*p* implique *q*) ne peut jamais être confondue
avec la *necessitas consequentis* : *p* implique L *q* – où L est le marqueur du
nécessaire. Plus exactement, La nécessité de la conséquence n'implique
pas la nécessité du conséquent.

On s'interrogera peut-être, et non sans raison, pour savoir en quoi la
nécessité de la contingence *n'empêche point* (un terme fétiche pour
Hobbes), et ce que signifie ici *contingent en soi* chez Leibniz. On retrouve
dans le *Discours de Métaphysique*, une expression voisine sur le caractère
de l'accident (où la connexion du prédicat et du sujet est dite « contingente
en elle-même » (art XIII). Il faut donc ici faire un premier détour historique.
La question technique de la contingence ne le devient vraiment chez
Leibniz, à proprement parler, qu'à partir de 1686. En fait, diront d'autres,
les thèses que défend Leibniz sont plus ou moins inchangées depuis 1673,
et déjà du vivant de Hobbes encore, dans la *Confessio philosophi*, par
exemple, où il proclame que la contingence est *in rebus*, dans le monde et
du monde [1] – et qu'elle s'y trouve justement *per se contingentia*. L'insuffi-
sance *logique* de la nécessité n'affaiblit en rien la détermination, faut-il
s'empresser d'ajouter en termes leibniziens. Bien au contraire, puisque de
propositions universelles on peut déduire des particulières vraies (comme
le croyait Leibniz), il se peut de même sans difficultés que de l'être par soi
nécessaire dérive du contingent. J'énonce ces thèses très rapidement, en ne
me servant que d'expressions négatives : 1) Dieu est la cause physique du
péché, mais non pas la cause morale ; 2) la nécessité de Dieu (ou en Dieu)
n'implique pas celle des créatures ; 3) la liberté des hommes n'est
contrariée ni par la prescience, ni par la prédétermination divines. Ce sont
trois thèses qui ne se déduisent pas entre elles, et dont nous n'avançons pas
les preuves. La thèse (1) soutient que Dieu est à la source des chaînes
causales (et donc de la production du péché, parmi les autres prédicats
inhérents aux degrés de perfection que les créatures ont à agir et à se
déterminer). Mais (2) nous dit aussi néanmoins qu'aucune nécessité
métaphysique ne peut obliger à l'action des hommes (qui sont causes de

---

1. Édition Belaval, Vrin, p. 55-57.

leurs actions). La thèse (3) affirme la positivité de la liberté humaine comparée à la force des décrets divins.

Le lien qui unit ces trois thèses suppose – comme le rappelle ailleurs Leibniz – que la piété commande de penser que l'homme a été créé libre, quoique dans un monde déterminé qui n'est pas sans raison d'être tel qu'il est. Sous cette forme hélas, l'argument paraît platement dogmatique. On le lit très clairement, antérieurement déjà, dans le texte : *Sur la liberté, le destin et la grâce de Dieu*[1], composé entre 1685 et 1687. Dans ces trois situations que nous évoquées, l'expression de la contingence reste flagrante, au cœur même de l'intelligibilité du nécessaire et de la démonstrabilité. Car du fait que l'on ne peut démontrer que *la proposition contingente A est conforme à la sagesse divine*, il ne s'ensuit pas pour autant que la proposition contingente A soit nécessaire, comme le rappelle le *De contingentia* (1690)[2]. La partie décisive de cet argument repose sur l'opérateur en début de phrase : *on ne peut démontrer*. « Est nécessaire par la nécessité de la conséquence, mais non du conséquent, seulement ce qui, de cela même qu'il est supposé être le meilleur, est nécessaire suivant cette hypothèse, une fois admise l'infaillibilité du choix du meilleur »[3], comme le précise Leibniz. Tout possible ne parvient pas à l'existence. Et « nous ne pouvons pas connaître la vraie raison formelle de l'existence »[4]. On serait alors tenté de paraphraser Leibniz en parlant d'une *contingence existentielle* d'une part (qui correspond à ce que Dieu fait exister ou qu'il permet d'exister), et d'autre part d'une *contingence en soi du conséquent*, comme il écrit en réponse à Hobbes[5], qui serait une contingence du monde événementiel, où l'homme faillible aurait un rôle indépendant à jouer[6].

1. *De libertate, Fato*, et de *Gratia Dei, Grua*, p. 306-322.
2. Trad. M. Fichant, *in* J.-B. Rauzy (éd.), *Recherches Générales sur l'analyse des notions et des vérités*, Paris, P.U.F., 1998, p. 326-329.
3. *Ibid.*
4. *Ibid.*
5. *Théodicée*, p. 396.
6. Dans le labyrinthe de la liberté où s'est aventuré récemment J. Bouveresse, ces deux sens leibniziens peuvent aussi se comprendre très différemment, et la première forme s'assimiler à une contingence essentielle (ou nécessaire par analogie), et non plus existentielle ; tandis que dans le second cas, elle se confondrait avec la liberté humaine accordée au vouloir divin, en devenant de ce fait quasiment *miraculeuse* (J. Bouveresse, *Dans le labyrinthe : nécessité, contingence et liberté chez Leibniz*, (Collège de France, 2012), notamment Cours 11, 12, 24). Dieu voulant ou se disposant à avoir voulu de toute éternité que ce qu'il a prévu se réalise par le biais des actions humaines, cette compatibilité entre ses desseins et les actes libres des mortels n'est en rien évidente, et n'a pas cessé de partager les interprètes. Il faut tenir en main, pour suivre Leibniz, plusieurs références presque toutes homophones, avec quelques variantes fort subtiles. Par exemple, nous devons relier ensemble le texte déjà cité

Sans doute est-elle conforme à l'énoncé : « Tout ce qui arrive est contingent », mais il ne semble pas que cet énoncé-là soit conforme avec d'autres énoncés plus tardifs comme ceux du *De Libertate*. Cette dimension problématique que nous pouvons nous risquer à tenter de déchiffrer ici s'inscrit donc aussi dans le commentaire critique de Hobbes.

LA QUESTION DES DÉCRETS DIVINS ET DE LA FUTURITION

Mais si nous voulions creuser plus avant et saisir la source de la question chez Aristote en particulier, nous retirerions de la contingence proprement dite une image déconcertante. La question de surcroît est compliquée, très embrouillée dans la controverse avec Bramhall, bien qu'elle soit toujours centrale. Aristote distingue opportunément le *possible* (*dunaton*) et le *contingent* (*endechomenon*) : dans le second cas (celui du contingent), le possible *en puissance* exclut aussi bien le nécessaire que le possible. On peut, en termes simples, dire qu'il s'agit de ce qui n'est ni nécessaire, ni impossible, ou ce qui peut aussi bien être que n'être pas dans le futur. Dans les *Premiers analytiques*, Aristote le définit ainsi : « j'emploie être contingent et le contingent pour ce qui n'est pas nécessaire, mais dont la supposition n'entraîne aucune impossibilité » (I, 13, 32 a, 18-20). Par contre, dans *De l'interprétation* (chapitres IX et XIII), le contingent demeure le synonyme du possible factuel : *dunaton* (« il est possible que cela soit » signifie : « il est contingent que cela soit »). Dans les *Premiers analytiques*, en revanche, nous avons bien un triangle des modalités [1] – et non pas un carré, comme l'a montré Jean-Louis Gardies [2] – au sens où les trois modalités : il est nécessaire que cela soit, il est impossible que cela soit, il est contingent que cela soit, sont incompatibles entre elles, deux à deux. Dans ce cas, *Il est contingent que cela soit* n'est pas l'équivalent de : *il n'est pas nécessaire que cela soit* (ce que Hobbes reproche à Bramhall d'affirmer naïvement), mais de la conjonction : *il n'est pas nécessaire que cela soit et il n'est pas nécessaire que cela ne soit pas*. Ce qu'on traduit logiquement en disant : « Il est contingent que *p* si et seulement si il est contingent que *non p* ».

---

du : *De Contingentia* et le texte *Conversation avec Stenon sur la liberté* (daté de 1677), pour dégager la « racine de la contingence », qui se trouve dans la structure des propositions contingentes vraies.

1. J.-L. Gardies, *Essai sur la logique des modalités*, Paris, P.U.F., 1979, p. 18.
2. *Ibid.*

La position de Hobbes consiste à refuser de comprendre l'objection scolastique modale telle qu'elle lui est présentée par Bramhall, pour lui elle ne serait pas subsumable par une modalité ontique : il suit là (semble-t-il) Luther qui voyait une embrouille dans la distinction thomiste des deux nécessités. Elle le dispense de présupposer une nécessité métaphysique qui lui paraît complètement superflue. On devrait même dire que la nécessité *physique* « est » chez lui métaphysique, puisque dans son monde il n'y a que des corps – et rien vraiment qui soit *intensionnel* au sens intellectualiste leibnizien. Pour Hobbes en quatre mots, le contingent *est ce qui est* ; alors que pour Leibniz le nécessaire est ce qui est *par essence*. Une note de l'édition de Belaval est instructive en ce sens : « La réponse sera plus claire [...] si nous disons comme tout le monde entendre par nécessaires les choses dont l'existence suit de l'essence. Et de cette manière il n'y a de nécessaire que les propositions hypothétiques, et entre les propositions absolues, celle-ci uniquement : *Dieu est*, ou *la raison des choses est* : d'où il est manifeste que les choses dont l'existence suit d'une autre raison ne sont que nécessaires » [1]. Hobbes dirait que le contingent est *réductible* – par définition –, puisque la nécessité opère de part en part ; Leibniz dira au contraire que la nécessité conditionnelle *ne permet pas à elle seule de sauver la contingence*, comme l'a bien compris Vuillemin.

Bramhall cherche à montrer de son côté, en tant que théologien, la possible conciliation de la liberté avec la prescience et les décrets divins, ce qui revient « à assujettir les futurs contingents à l'intuition de Dieu, en vertu de cette présentialité qu'ils ont dans l'éternité » [2]. Mais à plusieurs reprises, l'idée de nécessité hypothétique revient sous sa plume, contre ce que Hobbes appelle la nécessité *elle-même* : celle-ci étant conçue par lui comme une nécessité naturelle. Leibniz se réfère directement à cette section XXXV des *Questions* qui traite chez Bramhall de la nécessité hypothétique.

> M. Hobbes veut que même la prescience divine seule suffirait pour établir une nécessité absolue des événements, ce qui était aussi le sentiment de Wiclef et même de Luther, lorsqu'il écrivit *de servo arbitrio*, ou du moins, ils parlaient ainsi. Mais on reconnaît assez aujourd'hui que cette espèce de nécessité qu'on appelle hypothétique, qui vient de la prescience ou d'autres raisons antérieures, n'a rien dont on doive s'alarmer ; au lieu qu'il en serait tout autrement si la chose était nécessaire par elle-même, en sorte que le contraire impliquât contradiction. M. Hobbes ne veut pas entendre

1. *Confessio Philosophi*, *op. cit.*, p. 125-126.
2. *QLN*, p. 315, n° XXIV.

parler d'une nécessité morale, parce qu'en effet tout arrive par des causes physiques. Mais on a raison cependant de faire une grande différence entre la nécessité qui oblige le sage à bien faire, qu'on appelle morale, et qui a lieu même par rapport à Dieu, et entre cette nécessité aveugle, par laquelle Epicure, Straton, Spinoza et peut-être M. Hobbes, ont cru que les choses existaient sans intelligence et sans choix, et par conséquent sans Dieu, dont en effet on n'aurait point besoin, selon eux, puisque suivant cette nécessité tout existerait par sa propre essence, aussi nécessairement qu'il faut que deux et trois fassent cinq. Et cette nécessité est absolue, parce que tout ce qu'elle porte avec elle doit arriver quoi qu'on fasse ; au lieu que ce qui arrive par une nécessité hypothétique, arrive ensuite de la supposition que ceci ou cela a été prévu ou résolu, ou fait par avance, et que la nécessité morale porte une obligation de raison, qui a toujours son effet dans le Sage[1].

Il n'est pas sûr, comme on le voit dans cette dernière citation, que Leibniz ait réellement percé à jour ce que veut dire Hobbes, ni qu'il ne lui fasse pleinement droit. L'assimilation avec Spinoza paraîtra déjà un peu littéraire (le jeune Leibniz avait bien lu Spinoza, *Ethique* IV, déf. 3). Mais, en identifiant « nécessité morale » et nécessité « hypothétique » ; et de l'autre, nécessité « absolue » et nécessité « essentielle » ou « aveugle », puis en condamnant ceux qu'il appelle politiquement les *rigides*, Leibniz force à dessein le trait. Dans son *Abrégé de la controverse réduite à des arguments en forme*[2], on trouve le pourquoi de cette raison « expliquant la nécessité qui doit être rejetée et la détermination qui doit avoir lieu » : c'est-à-dire le refus opiniâtre de la nécessitation telle que Hobbes l'entend. Il ne change pas les termes de la polémique : « Ces actions volontaires et leurs suites n'arriveront point quoi qu'on fasse, ou soit qu'on les veuille ou non, mais parce qu'on fera et parce qu'on voudra faire ce qui y conduit. Et cela est contenu dans la prévision et la prédétermination, et en fait même la raison. Et la nécessité de tels événements est appelée conditionnelle ou hypothétique, ou bien nécessité de conséquence, parce qu'elle suppose la volonté et les autres *requisits*; au lieu que la nécessité qui détruit la moralité et qui rend le châtiment injuste et la récompense inutile, est dans les choses qui seront, quoi qu'on fasse et quoi qu'on veuille faire, et, en un mot, dans ce qui est essentiel; et c'est ce qu'on appelle une nécessité absolue »[3]. Cette insistance terminologique est encore palpable, après que Leibniz ait

1. *Théodicée*, p. 393.
2. *Théodicée*, p. 383.
3. *Ibid.*

condamné deux tentations conjointes, comme on l'a déjà vu ci-dessus : croire que Dieu est « cause » du péché, ou qu'il ne serait point « libre » de choisir le meilleur, – mais il est bien vrai alors que ce n'est pas disputer des mots seulement que de considérer que cette nécessité antécédente en Dieu (si elle était ainsi) aurait une fonction toute statique qui serait de prédisposer à la damnation ou à l'action bonne. Il faut là encore citer la *Théodicée* :

> Cependant quoique sa volonté soit toujours immanquable, et aille toujours au meilleur, le mal ou le moindre bien qu'il rebute, ne laisse pas d'être possible en soi ; autrement la nécessité du bien serait géométrique et pour ainsi dire métaphysique, et tout à fait absolue ; la contingence des choses serait détruite et il n'y aurait point de choix. Mais cette manière de nécessité, qui ne détruit point la possibilité du contraire, n'a ce nom que par analogie ; elle devient effective, non pas par la seule essence des choses, mais par ce qui est hors d'elles et au-dessus d'elles, savoir par la volonté de Dieu [1].

Cette diatribe spéculative qui oppose l'un à l'autre Hobbes et Leibniz (quoique Hobbes ne puisse pas répondre) dépend bien de la conception qu'ils se font de la *prescience divine*. Or, ce ne serait sans doute pas une manière d'adoucir le déterminisme leibnizien que de constater que la nécessité de faire le bien, chez lui, *n'est pas* géométrique. Et très évidemment, on pourrait objecter contre Leibniz que l'expression de « nécessité morale » tombe aisément sous le couperet du nominalisme de Hobbes. Rien ne nous pousse jamais à vouloir ce que Dieu a choisi comme étant le meilleur, dans telle ou telle circonstance donnée, quelque compétence éthique nous pourrions être supposée avoir : soit de *vouloir « vouloir » ce que Dieu aurait voulu pour nous*, – c'est-à-dire à l'encontre de ce « moindre bien qu'il rebute », et hormis s'entend le péché qu'il a permis. Allons plus loin, cette idée de vouloir ce que Dieu a voulu *comme si nous pouvions le choisir* est une absurdité dans les termes, que seule ont soutenue les gnostiques en défendant que Dieu pousse au crime les innocents, et qu'il oblige les hommes à se venger d'avoir été créés par lui comme des êtres *doués pour le péché*, ainsi que disait Tertullien.

Comme on l'a compris maintenant, ce qui est crucial est de comprendre sur quoi nos deux philosophes sont en désaccord matériel. Le nom de nécessité implique pour référent chez Hobbes une *prédestination absolue*. Il écarte à la fois l'idée des futurs contingents et celle du libre-arbitre qui viendraient contredire à cette prédestination dans ce qu'elle a d'infaillible

---

1. *Théodicée*, p. 389.

(il ne les confond pas, comme y objecte Bramhall : il *identifie* les décrets divins et leur exécution). Tandis que Leibniz au contraire fait dépendre la nécessité hypothétique – qui conserve à l'homme la liberté de se détourner de lui – *de* la prescience divine. Comme il est écrit dans le *De Libertate*, les vérités contingentes sont, non pas démontrées – mais connues par une *vision infaillible*[1]. L'expression est troublante : elle suppose alors qu'un intellect *a priori* voie les choses de son propre point de vue, tandis que les choses existantes dépendent toujours sans cela de sa volonté libre et de ses décrets. Cette hypothèse conditionnelle, dont je reparlerai dans la conclusion, consiste à dissocier dans ce cas la détermination temporelle de la détermination stricte, qui reste contingente (et qui n'est nécessitée que par décret). Il reste bien admis à ses yeux que la prescience ne peut en rien nuire à la liberté :

> Les philosophes conviennent aujourd'hui que la vérité des futurs contingents est déterminée, c'est-à-dire que les futurs contingents sont futurs, ou bien qu'ils seront, qu'ils arriveront, car il est aussi sûr que le futur sera qu'il est sûr que le passé a été. Il était déjà vrai, il y a cent ans, que j'écrirais aujourd'hui, comme il sera vrai après cent ans que j'ai écrit. Ainsi le contingent, pour être futur, n'est pas moins contingent ; et la détermination, qu'on appelle certitude, si elle était connue, n'est pas incompatible avec la contingence [...]. [Plusieurs] disent que qui ce qui est prévu ne peut pas manquer d'exister, et ils disent vrai ; mais il ne s'ensuit pas qu'il soit nécessaire, car la vérité nécessaire est celle dont le contraire est impossible ou implique contradiction. Or cette vérité qui porte que j'écrirai demain [...] n'est point nécessaire. Mais supposé que Dieu la prévoie, il est nécessaire qu'elle arrive ; c'est-à-dire la conséquence est nécessaire, savoir qu'elle existe, puisqu'elle a été prévue, car Dieu est infaillible ; c'est ce qu'on appelle une nécessité hypothétique. Mais ce n'est pas de cette liberté dont il s'agit ; c'est une nécessité absolue qu'on demande, pour pouvoir dire qu'une action est nécessaire, qu'elle n'est point contingente, qu'elle n'est point l'effet d'un choix libre.
>
> [...] La prescience n'ajoute rien à la détermination de la vérité des futurs contingents sinon que cette détermination est connue, ce qui n'augmente point la détermination ou la futurition, comme on l'appelle, de ces événements[2].

---

1. *In* J.-B. Rauzy (éd.), *Recherches Générales sur l'analyse des notions et des vérités*, *op.cit.*, p. 334.
2. *Théodicée*, I, § 37.

Pour Leibniz en effet : « Il est nécessaire *ex hypothesi* que le futur arrive, comme il est nécessaire *ex hypothesi* que le passé soit arrivé »[1]. Ce n'est plus seulement qu'il combat farouchement le nécessitarisme, un combat auquel sa répugnance à l'égard des thèses de Hobbes ne suffirait pas. Plus subtilement, *si les futurs contingents sont futurs*, c'est qu'il faut admettre pour cela que Dieu *ait déjà prévu les choses futures comme présentes*. Le problème est de comprendre ses décrets – en tant qu'on les suppose justes – *a posteriori, et non plus seulement a prioriquement, selon certaine idée du gouvernement du monde qui obéirait à sa bonté*. En quoi ne seraient-ils pas alors le fruit d'une nécessité *aveugle*? C'est cette conception des choses que Hobbes juge hérétique, en plus de la dissociation en Dieu d'une volonté et d'un entendement, concevant pour sa part que, de toute éternité, sa justice ne pouvait que s'appliquer sans faillir.

L'attribut de Dieu qu'il fait intervenir dans le débat est la justice, disant qu'il ne peut faire de la part de Dieu de punir un homme parce qu'il a fait ce qui était nécessaire qu'il fît. A cela, j'ai déjà répondu au titre des inconvénients censés résulter de la doctrine de la nécessité. Au contraire, en m'appuyant dur un autre attribut de Dieu, sa prescience, je montrerai à l'évidence que toutes les actions, quelles qu'elles soient, qu'elles procèdent de la volonté ou de la fortune, sont nécessaires de toute éternité. Car tout ce que Dieu connaît par avance adviendra, ne peut qu'advenir, c'est-à-dire qu'il est impossible que cela n'advienne pas, ou que cela advienne autrement que prévu. Mais tout ce qui, parce que c'est impossible, ne peut être autrement qu'il n'est, est nécessaire; car la définition du *nécessaire* est ce qui ne peut absolument pas être autrement qu'il n'est. Et lorsque ceux qui distinguent la prescience de Dieu de son décret, disent que la prescience ne fait pas la nécessité sans le décret, cela importe peu à la question. Il me suffit que tout ce qui est connu par avance de Dieu soit nécessaire : comme toutes les choses sont connues par avance de Dieu, toutes choses par conséquent sont nécessaires. Et quant à la distinction entre la prescience et le décret de Dieu tout puissant, je ne la comprends pas. Ce sont des actes co-éternels, et par conséquent un unique acte[2].

Pour faire clair, Hobbes ne veut pas entendre que les décrets soient des décisions non pressenties et hasardées, ce qui est une manière de dire qu'on ne peut pas traduire les décrets libres de Dieu en termes logiques. Il est même cocasse de voir Hobbes se gausser de la distinction que Leibniz considère comme indispensable, et cardinale même dans son examen.

---

1. Gerhardt, VI, p. 274.
2. *QLN*, p. 65.

[...] Tous les théologiens accordent qu'une nécessité hypothétique, ou nécessité de supposition, peut coexister avec la liberté. Afin que l'on comprenne ce point je fournirai un exemple de nécessité hypothétique : *si je vivrai, je me nourrirai : voilà une nécessité hypothétique*. C'est bien une proposition nécessaire : autrement dit, il est nécessaire que cette proposition soit vraie à chaque fois qu'on la formule. Mais il n'y va pas de la nécessité de la chose ; ainsi il n'est pas nécessaire que l'on vive, ni qu'on se nourrisse (*that the man shall live, nor that the man shall eat*). Je n'ai pas l'habitude de *corroborer* mes distinctions à l'aide de telles raisons. Que Monseigneur les réfute comme il l'entend, je m'en satisfais. Mais je souhaiterais qu'il observât par là comment on peut obscurcir et faire ressembler à du *savoir profond* une chose claire et aisée en usant gravement d'expressions comme « nécessité hypothétique », nécessité de supposition, et autres termes scolastiques du même genre [1].

On peut corriger le barbarisme apparent en « si je vis, je me nourrirai » [2], cela ne change rien à l'expression de la conditionnelle qui est chargée de traduire grammaticalement les futurs contingents en des futurs nécessitateurs ou *vérifacteurs*, comme il faudrait dire. En prenant l'exemple animal, il va de soi que Hobbes refuse de se prononcer sur la liberté en Dieu, ou sur la liberté des anges. De même, refuse-t-il d'abandonner son point de vue en niant que jamais personne n'est « libre à l'égard de la nécessitation ». Il comprend qu'on entende se libérer d'une contrainte (pour sauver sa vie, ou par amour, vengeance ou désir charnel), et bien que ces actions nous paraissent nécessaires à quelques égards, mais jamais en vertu d'une nécessité hypothétique.

LA LIBERTÉ CONTRE LE LIBRE-ARBITRE DE LA VOLONTÉ

A la différence de ce qui semblerait, après ce que nous avons développé jusqu'à présent, le texte de Leibniz présent dans la IIIᵉ partie de la *Theodicée* est aussi une analyse concise et riche de la notion de liberté, telle que Hobbes l'a justement dépouillée avant lui. Il reprend chez Hobbes l'essentiel de ses thèses : soit *la critique volontariste des volitions impulsives*. Le point disputé est de savoir ce qu'on peut vouloir, ou ne pas vouloir vraiment, mais au sens surtout où la volonté selon Hobbes pourrait choisir de ne pas vouloir idéalement, ni même surtout de vouloir contre ses volitions. Ici, c'est bien plutôt le fait qu'il y ait une *nécessité anthropo-*

---

1. *Lib. N.*, p. 91.
2. *QLN*, p. 252.

logique aveugle qui permettrait alors de se passer de Dieu, comme de toute autorité, qui semble le risque le plus grand. Tout autre la question qui s'est posée à Leibniz : comment sauver ou comment préserver la contingence, en tant que le choix du meilleur des mondes y est alors seulement compatible avec la liberté ? Cette exigence s'impose pour sauver la spontanéité et la liberté des créatures. La réponse de Hobbes est bien différente. Voici la façon dont Leibniz l'a reçue.

> Il y a plus de raison dans le discours de M. Hobbes lorsqu'il accorde que nos actions sont en notre pouvoir, en sorte que nous faisons ce que nous voulons, quand nous en avons le pouvoir, et quand il n'y a point d'empêchement, et soutient pourtant que nos volitions mêmes ne sont pas en notre pouvoir, en telle sorte que nous puissions nous donner sans difficulté et selon notre bon plaisir, des inclinations et des volontés que nous pourrions désirer. [...] La vérité est que nous avons quelque pouvoir encore sur nos volitions, mais de manière oblique, et non pas absolument et indifféremment[1].

On reconnaît bien la perception de la volonté comme *puissance*, mais il faut aussi voir en quoi « nos actions sont en notre pouvoir » ; ce n'est pas parce que nous disposerions d'une liberté arbitrale ou optionnelle, mais en vertu d'une nécessité qui s'applique aux déterminations intrinsèques de l'être vivant : *marcher, respirer, parler*. La double précision de Leibniz est correcte. Ce qui demeure en notre pouvoir l'est autant que nous ne sommes pas physiquement ou moralement entravés. Ce n'est pas ici ce qu'il définit ailleurs, comme le droit de résister, et en général de se défendre. Mais plutôt une autre forme de la nécessité de la conséquence, qui serait appliquée ici au sens de son ontologie physicaliste. Je chercherai à me désentraver, s'il le faut par les pieds, par les mains, en me couchant par terre, en criant ou en me débattant, ou par tout autre procédé : si je suis en situation de vouloir, alors il suit que je me comporte nécessairement comme quiconque ne peut pas être empêché de vouloir (il n'y a aucune licéité juridique qui me soit utile pour m'en convaincre).

L'autre observation de Leibniz – non moins importante – est de considérer la puissance de nos appétits, car la définition *volitionnelle* qui avait posé tant de problèmes à Descartes dans le cas des actions involontaires où nous nous sentons obligés, quoique sans pouvoir ne pas vouloir, est ici résolue. Hobbes reconnaît que la *spontanéité* se concilie dans

---

1. *Théodicée*, p. 394.

l'appétit avec la nécessité, et qu'alors la volonté n'est pas libre[1]. Nous ne pouvons donc pas agir *sur nos volitions*, alors qu'à l'inverse si nous considérons l'exemple du lancer de dès, selon Bramhall, la contingence vient prendre la place de la nécessité : la position de la main du joueur, la forme de la table, la quantité de force appliquée, ont concouru pour que la lancer soit dit « nécessaire », mais ce n'est qu'une « nécessité de supposition ». A cette analogie, Hobbes répond que l'énoncé : *la liberté de l'agent provient de la liberté de la volonté* est inintelligible. Il retourne contre Bramhall l'exemple du lancer de dès : l'homme est libre de faire ce qu'il veut sans avoir besoin d'un appétit intellectuel ; il n'a pas de pouvoir direct sur sa volonté qui ne soit autre que ce pouvoir, s'il n'est pas altéré ou diminué. L'homme donc « n'est pas libre de vouloir », comme s'il s'agissait de lancer un dès. « Sa volonté ne procède pas de sa volonté »[2]. Hobbes ici se sépare de la doctrine augustinienne. Nombre de distinctions deviennent pour l'occasion inopérantes, comme la différence entre l'acte imposé (*imperatus*) et l'acte choisi (*elicius*), et finalement en réponse aux *Castigations* de Bramhall, Hobbes se résoudra à dire que la volonté, le vouloir et l'appétit sont une seule et même chose[3], tant la dissociation de la volonté et de la puissance est dénuée de pertinence, et parce que « la puissance de vouloir dans l'avenir » est une absurdité.

Dans un paragraphe assez clair, Leibniz confirme ce qu'il faut retenir :

> Il donne aussi une assez bonne notion de la liberté, en tant qu'elle est prise dans un sens général commun aux substances intelligentes et non intelligentes, en disant qu'une chose est censée libre quand la puissance qu'elle a n'est pas empêchée par une puissance externe. Ainsi l'eau qui est retenue par une digue, a la puissance de se répandre, mais elle n'en a pas la liberté ; au lieu qu'elle n'a point la puissance de s'élever au-dessus de la digue, quoique rien ne l'empêcherait alors de se répandre, et que même rien d'extérieur ne l'empêche de s'élever si haut ; mais il faudrait pour cela qu'elle vînt de plus haut, ou qu'elle même fût haussée par quelque crue d'eau. Ainsi un prisonnier manque de liberté, mais un malade manque de puissance pour s'en aller[4].

L'affirmation de cette positivité et le départ d'avec toute conception d'une *liberté négative*, est mis au bénéfice de l'exposition de Hobbes. Mais notre problème antérieur n'a évidemment pas disparu. Quand Hobbes

---

1. *Réflexions*, p. 88.
2. *Ibid.*
3. *Lib. N.*, p. 288.
4. *Théodicée*, p 394.

affirme : *on soutient qu'il n'est pas dans le pouvoir présent de l'homme de se choisir la volonté qu'il doit avoir*, Leibniz répond :

> les hommes choisissent les objets par la volonté ; mais ils ne choisissent point leurs volontés présentes. [...] Il en est, pour me servir de la comparaison de M. Hobbes lui-même, comme de la faim ou de la soif. Présentement, il ne dépend pas de ma volonté d'avoir faim ou non ; mais il dépend de ma volonté de manger ou de ne point manger : cependant, pour le temps à venir il dépend de moi d'avoir faim ou de m'empêcher de l'avoir à certaine heure du jour, en mangeant par avance. C'est ainsi qu'il y a moyen d'éviter souvent de mauvaises volontés [1].

Il critique, sur ce point, le nécessitarisme de Hobbes, en soutenant qu'on peut corriger nos dispositions sans se plier à la contrainte du présent, et de manière générale, il estime aussi que Hobbes se trompe et contrevient à la loi de Dieu qui proscrit et interdit autre chose que des actions involontaires ou routinières (telle que écrire ou ne pas écrire). Mais c'est au regard de la *futurition des actes volontaires* que Leibniz se montre le plus sévère, dans la mesure où Hobbes – à l'exemple de Spinoza – considère que la *cause primitive* agit par la nécessité de sa puissance, et non par le choix de sa sagesse : on aboutit inévitablement dans cet ordre d'idées à des *opinions paradoxes*. Ou bien dire qu'on ne peut défendre qu'une action que Dieu n'aurait pas voulu n'arrive – ou bien attribuer à Dieu de vouloir le mal. D'un côté, c'est un manque de pouvoir, de l'autre un déficit de sa divinité. Mais à vrai dire, selon Hobbes, la justice en Dieu n'est pas autre chose que « le pouvoir qu'il a de distribuer des bénédictions et des afflictions »[2]. Leibniz s'offusque grandement de ce que Hobbes considère que « la justice n'est pas en Dieu comme dans un homme ».

> M. Hobbes prétend au même endroit que la sagesse qu'on attribue à Dieu ne consiste pas dans une discussion logique du rapport des moyens aux fins, mais dans un attribut incompréhensible, attribué à une nature incompréhensible. Il semble qu'il veut dire que c'est un je ne sais quoi attribué à un je ne sais quoi et même une qualité chimérique donnée à une substance chimérique, pour intimider et pour amuser les peuples par le culte qu'ils leur rendent [3].

On rétorquerait que c'est en un certain sens faire injure aux sentiments chrétiens de Hobbes qui ressortent de sa fréquentation assidue des Ecritures ; mais d'un autre côté il est certain que le décrassage des notions

---

1. *Théodicée*, p. 395.
2. *Lib. N.*, p. 402.
3. *Ibid.*

broussailleuses de l'Evêque a certainement eut des effets désastreux sur la défense de l'anglicanisme naissant, sous ses formes cultuelles et doctrinales (et pour ne pas entrer dans les considérations politiques). Quant à cette *discussion logique*, elle est en effet résolument écartée par Hobbes, dans la mesure où la contingence qu'il « exténue » en quelque sorte, bien avant que ne s'y intéresse Leibniz, ne saurait pour lui se ramener au résultat des opérations logiques qui y concourent par le biais d'une analyse infinie ; alors que pour le second, on ne le peut qu'en reconnaissant la puissance libre de Dieu quant à l'efficacité de ses décrets. Leur efficacité repose sur leur applicabilité, non sur leur arbitraire. La bonté de Dieu que Leibniz invoque pour sa part ne sert pas à *justifier* qu'il y ait une liberté divine, mais à présenter la raison de ce que l'on ne peut pas démontrer en principe : la prédétermination ou la prédestination. Il reste impossible d'intégrer analytiquement, pas après pas, en les ramenant à des propositions identiques, ou sémantiquement interchangeables, *l'ensemble infini des conditions d'une vérité contingente*. Mais Dieu aperçoit lui, sans cette analyse, la connexion des termes. Cette contingence irréductible qui est discutée aujourd'hui par des auteurs très différents ne se limite pas au constat qu'il y a bien *des propositions contingentes vraies*. Si ce qui est non nécessaire en soi est également le subalterne de l'impossible, c'est aussi que Dieu ne pouvant pas succomber au principe de non-contradiction, ne pourrait évidemment pas tout simplement « créer » du contingent de manière artificielle, et engendrer des situations hasardeuses, romanesques ou fantaisistes, de cela même que le contingent n'entraîne pas la contradiction. Ainsi, est-ce un fait contingent trivial que Cervantes et Shakespeare soient morts le même jour, dit-on, le 23 avril 1616 ; ce n'est pas le fruit d'une coïncidence spéciale. Ce n'est rien qu'une convention historique supposée qui nous permet de faire ce rapprochement, lequel n'a jamais eu lieu que dans notre esprit, tandis que les deux destins des deux écrivains sont inscrits dans les notions disjointes que Dieu se faisait de l'un et de l'autre.

L'exigence d'exister, dès lors n'appartient pas seulement au possible conçu en tant que *logiquement possible*, mais, étant admis que le décret divin au sens leibnizien est d'abord le résultat d'un calcul, elle s'opère selon l'élection du meilleur. Souvenons-nous de l'objection magnifique d'Arnauld : – les possibles sont *indépendants* des décrets divins, à quoi Leibniz répond de façon assez extraordinaire que (en dehors des *décrets actuels*) « les notions individuelles possibles renferment quelques décrets libres possibles ». Et pourtant, la nécessité du passé selon Leibniz correspond exactement, nous explique Jules Vuillemin, à ce qui est l'impossibilité de réaliser le possible dans le passé[1] – cette contrainte impose de nier fermement la nécessité absolue du passé : et néanmoins Judas fut condamné à trahir, comme César a été condamné à traverser le Rubicon (même si le sens de *condamné* n'est pas le même dans les deux cas). Dans les deux cas, ce n'est jamais néanmoins qu'une nécessité *ex hypothesi* qui est à l'œuvre ; et de plus on considère bien Judas et César *solo numero*, comme deux substances individuelles incommunicables dans tous leurs accidents contingents. Ils ne sont pas des *termes de concepts* auxquels se rapportent des prédicats comme : « avoir trahi Jésus pour trente deniers » ou « avoir rétabli la plèbe dans ses droits », puisque c'est une nécessité conditionnelle qui se rapporte à des substances individuelles libres.

> La distinction des deux nécessités qui pour Leibniz […] suffit à éviter le fatalisme, est à son tour susceptible de deux expressions différentes. Ou bien, lorsqu'on affirme que le passé est nécessaire hypothétiquement, on dit qu'il est nécessaire que si un événement s'est produit il se produit ; d'où il est impossible de tirer qu'il est nécessaire simplement et absolument que cet événement se soit produit. Ou bien l'on pose que si un événement s'est produit, il a été nécessaire qu'il se soit produit pendant qu'il se produit ; la nécessité est donc conditionnelle en ce qu'elle dépend de la durée passée de l'événement ; d'où il est à nouveau impossible de tirer qu'il est nécessaire simplement et absolument que cet événement se soit produit[2].

Si on considère sous ce rapport ce que nous dit l'art. XIII du *Discours de Métaphysique*, la dictature future de César est enfermée dans sa notion, et si nous pouvions établir la connexion des prédicats avec le sujet César, nous comprendrions pourquoi il a traversé le Rubicon – mais si nous doutons de cet événement (si nous pensons que Crassus dans Rome eût pu se comporter tout différemment, sans précipiter le retour du Général depuis la Gaule cisalpine), et de même si nous ne pouvons pas établir que César est entré dans Rome, pour payer d'abord ses armées, qu'il a poursuivi ensuite Pompée, qu'il l'a battu et mis en fuite à la bataille de Pharsale, nous en sommes réduits à penser que les propositions contingentes ont des raisons *a priori* qui les relient entre elles, *indépendamment de la volonté de Dieu et des créatures*. Or il se trouve que Hobbes a émis une idée à peu près semblable sur le caractère virtuellement insignifiant et même inefficient des événements, en soutenant qu'il « n'est guère d'action, si fortuite semble-t-elle, qui ne concoure à causer tout ce qui est *in natura rerum* »[3],

---

1. J. Vuillemin, *Nécessité ou Contingence*, Paris, Les Éditions de Minuit, p. 118.
2. J. Vuillemin, *Nécessité ou Contingence*, *op. cit.*, p. 119.
3. *QLN*, p. 294.

défendant même avant Leibniz et explicitement l'idée d'*inclination* qui se voit nécessitée par quelques causes inconnues. L'écart est au final plus réduit, entre la luxuriante nécessité leibnizienne et celle plus volontariste de Hobbes.

CONCLUSION SUR LA *DOUBLE NÉCESSITÉ*

Ainsi que le démontre ce débat entre Hobbes et Leibniz une certaine dramatisation est attachée à l'idée que nous pourrions concilier *l'analyticité des vérités* et la contingence qu'on suppose toute factuelle. Les deux solutions que propose Leibniz sont celles que Bramhall et Hobbes avaient déjà envisagées dans leur dispute. Mais nous le savons, dans son cas, le concept de démonstration mathématique prévaut dans une première version : pour savoir si « A est B », on demande s'il est vrai que B « inhère » dans le concept désigné par A ; et on ne peut le démontrer que par un nombre fini de pas, quand le nécessaire se confond avec la réduction à des propositions identiques, alors que le contingent ne le permet pas. *Que César ait traversé le Rubicon* est contingent dans la mesure où l'on ne parvient pas à démontrer par un nombre fini d'étapes que la propriété *avoir traversé le Rubicon* appartient au concept de César, pris dans l'ensemble de sa vie (ce que Dieu voit lui d'un coup). Pourtant même Dieu *ne peut pas donner une démonstration des propositions contingentes vraies* (par exemple expliquer pourquoi César détourna ensuite la tête lorsque Ptolémée lui présente, sur un plateau, la tête de Pompée qui avait réchappé de Pharsale). Une seconde solution est à envisager qu'ont décrite Adams[1] et Mugnai[2], que je ne fais que signaler ci-dessous.

Des variétés de dénomination de la nécessité leibnizienne (*absolue, géométrique, métaphysique, de la conséquence, ex hypothesi, morale, physique, par accident, du conséquent*), seules les cinq dernières se rapportent à une nécessité « sous condition », dite *secundum quid*. Leibniz se préoccupe de déterminer les hypothèses qui fixent cette nécessité hypothétique dont nous avons parlé. Il fait appel aux « décrets libres de Dieu » à la différence de Hobbes. Il ne s'agit pas seulement de rapports purement conceptuels ici entre César et le passage du Rubicon : les *propositions*

---

1. R. M. Adams, *Leibniz : Determinist, Theist, Idealist*, New York, Oxford University Press, 1994.
2. M. Mugnai, *Introduzione alla filosofia di Leibniz*, Bari, Piccola Biblioteca Einaudi, 2001.

contingentes vraies dépendent des décrets divins qui rapportent le concept de César et la substance de César au monde où il appartient et au concept du Rubicon qui est une partie de ce monde possible. Alors qu'une vérité de raison est intrinsèquement nécessaire, les propositions contingentes ont besoin d'un lien intrinsèque qui n'est pas nécessaire. Dans ce cas que rapporte Suétone, rien dans César et dans le Rubicon ne se rapportent à (et ne se fondent sur) l'idée que s'en fait Dieu : l'ensemble de la série des événements qui explique que César revenait d'avoir combattu les légions de Pompée stationnées en Espagne, jusqu'à l'attentat qui lui coûta la vie dans le Sénat et où il vint mourir sous la statue de Pompée justement, cette série entière est l'autre hypothèse qui présuppose que Dieu ait choisi librement depuis la création d'Adam, – mais « César a traversé le Rubicon » n'en reste pas moins contingent, *parce que en soi, il est contingent*, pour nous le redire une dernière fois, et donc indépendant d'un décret déterminé de Dieu qui aurait voulu que cela se soit produit, en sorte que il aurait pu se faire en effet que César ne traversât pas le Rubicon. Ces possibles non réalisés sont consubstantiels à son refus du fatalisme. Il existe donc un monde possible pour Leibniz, où l'énoncé « César n'a pas traversé le Rubicon » est un énoncé vrai.

BIBLIOGRAPHIE

THOMAS HOBBES

Ouvrages bibliographiques

Bulletin Hobbes, bibliographie internationale des études hobbesiennes, in *Archives de Philosophie* (un bulletin par an; *Bulletin Hobbes I*, tome 51, cahier 2, avril-juin 1988; l'ensemble des listes bibliographiques du Bulletin Hobbes est désormais consultable sur le site Internet des *Archives de Philosophie*: http://www.archivesdephilo.com).

GARCIA (Alfred), *Thomas Hobbes: Bibliographie internationale de 1620 à 1986*, Caen, Bibliothèque de Philosophie politique et juridique, 1986.

MACDONALD (Hugh) et HARGREAVES (Mary), *Thomas Hobbes. A Bibliography*, Londres, The Bibliographical Society, 1952.

POLLARD (A.W.), REDGRAVE (G.R.) (eds), *A Short-Title Catalogue of Books Printed in England, Scotland, and Ireland and of English Books Printed Abroad, 1475-1640*, Londres, The Bibliographical Society, 1946.

THOMASON (George), *Catalogue of the Pamphlets, books, newspapers, and manuscripts relating to the civil war, the Commonwealth, and Restoration, 1640-1661*, Londres, 1908, 2 vol. [I. Catalogue de la collection, 1640-1652; II. Catalogue de la collection, 1653-1661].

Œuvres de Hobbes. Éditions de référence.

The English Works of Thomas Hobbes of Malmesbury Now First Collected, ed. W. Molesworth, Londres, 1839-1845, 10 volumes + 1 volume d'index et de tables. Réimpression: Scientia Verlag, Aalen-Bade-Wurtemberg, 1961-1966.

Thomas Hobbes Malmesburiensis Opera Philosophica Quae Latine Scripsit Omnia In Unum Corpus Nunc Primum Collecta, ed. W. Molesworth, Londres, 1839-1845, 5 volumes. Réimpression: Aalen, Scientia Verlag, 1966.

The Clarendon Edition of the Philosophical Works of Thomas Hobbes, Oxford, Clarendon Press. Volumes parus à ce jour:

   De Cive: The Latin Version Entitled in the First Edition Elementorum Philosophiae Sectio Tertia De Cive and in Later Editions Elementa

Philosophica De Cive, Howard Warrender (éd.), Oxford, Clarendon Press, 1983, tome II, XIV-336 p.

De Cive : The English Version Entitled in the First Edition Philosophical Rudiments Concerning Government and Society, Howard Warrender (éd.), Oxford, Clarendon Press, 1983, tome III, XIV-299 p.

The Correspondence, Noel Malcom (éd.), Oxford, Clarendon Press, 1994, 2 volumes (I : 1622-1659 / II : 1660-1679), tomes VII-VIII, LXXVI-1008 p.

Thomas Hobbes : Writings on Common Law and Hereditary Right. A Dialogue Between a Philosopher and a Student, of a Common Laws of England ; Questions Relative to Hereditary Right, Alan Cromartie et Quentin Skinner (éds.), Oxford, Clarendon Press, 2005, lxxi + 192 p.

Reason of State, Propaganda, and the Thirty Years' War. An Unknown Translation by Thomas Hobbes, Noel Malcom (éd.), Oxford, Clarendon Press, 2007, x + 227 p.

Œuvres de Hobbes, traduction française scientifique et critique des œuvres de Hobbes sous la direction de Y. Ch. Zarka, Paris, Vrin. Volumes parus à ce jour :

Béhémoth ou le Long Parlement, traduit par L. Borot, Œuvres de Hobbes, tome IX, Paris, Vrin, 1990, 299 p.

Dialogue entre un philosophe et un légiste des Common Laws d'Angleterre, traduit par L. et P. Carrive, Œuvres de Hobbes, tome X, Paris, Vrin, 1990, 221 p.

De la liberté et de la nécessité, traduit par F. Lessay, Œuvres de Hobbes, tome XI-1, Paris, Vrin, 1993, 294 p.

Textes sur l'hérésie et sur l'histoire, traduit par F. Lessay, Œuvres de Hobbes, tome XII-1, Paris, Vrin, 1993, 236 p.

Les Questions concernant la liberté, la nécessité et le hasard, traduit par L. Foisneau et F. Perronin, Œuvres de Hobbes, tome XI-2, Paris, Vrin, 1999, 456 p.

Léviathan, traduit du latin et annoté par F. Tricaud, Œuvres de Hobbes, tome VI-2, Paris, Vrin / Dalloz, 2005, 559 p.

Eléments du droit naturel et politique, traduits et annotés par D. Thivet, Œuvres de Hobbes, tome II, Vrin, 2010, 254 p.

Édition des œuvres latines de Hobbes, sous la direction de Y. Ch. Zarka, Paris, Vrin :

De Corpore. Elementorum Philosophiae Sectio Prima, éd. par K. Schuhmann, Paris, Vrin, 1999, 417 p.

Court Traité des premiers principes, traduction française par J. Bernhardt, Paris, PU, 1988.

Critique du De Mundo de Thomas White, éd. par J. Jacquot et H. Withmore Jones, Paris, Vrin-CNRS, 1973.

Traité de l'Homme, trad. fr. par P. Marie Maurin, préface de V. Ronchi, Paris, Librairie scientifique et technique Albert-Blanchard, 1974.

BIBLOGRAPHIE GÉNÉRALE

ADAMS (R. M.) *Leibniz: Determinist, Theist, Idealist*, New York, Oxford University Press, 1994.

BERLIN (I.), « Deux conceptions de la liberté », in *Eloge de la liberté*, Paris, Calmann-Lévy, 1988.

BOSTRENGHI (D.) (dir.), *Hobbes e Spinoza: Scienza e politica*, introduction de E. Giancotti, Naples, Bibliopolis, 1992.

BOUVERESSE (J.), *Dans le labyrinthe: nécessité, contingence et liberté chez Leibniz*, Collège de France, 2012.

CHAPPELL (V.), (ed.), *Hobbes and Bramhall on Liberty and Necessity*, Cambridge, Cambridge University Press, 1999.

CUDWORTH (R.), *A Treatise Concerning Eternal and Immutable Morality*, New York et Londres, Garland Publishing, 1976, traduction française, *Traité de Morale et Traité du libre arbitre*, Paris, P.U.F., 1995.

–, *The True Intellectual System of the Universe*, Printed for R. Royston, London, 1678.

DESCARTES (R.), *Œuvres philosophiques*, éd. F. Alquié, Paris, Garnier, 1963.

DI VONA (P.), *Hobbes in Spinoza*, Naples, Loffredo, 1990.

GARDIES (J-L.), *Essai sur la logique des modalités*, Paris, P.U.F., 1979.

GUENANCIA (P.), *Lire Descartes*, Folio essais, Paris, Gallimard, 2000.

JACKSON (N.D.), *Hobbes, Bramhall and the Politics of Liberty and Necessity*, Cambridge, Cambridge University Press, 2007.

LACAN (J.), *Écrits*, Paris, Seuil, 1966.

LAZZERI (C.), *Droit, pouvoir et liberté : Spinoza critique de Hobbes*, Paris, P.U.F., 1998.

LEIBNIZ (G. W.), *Confession Philosophi, La profession de foi du philosophe*, édition de Y. Belaval, Vrin, Paris, 1970.

–, *Die Philosophische Schriften*, édition Gerhardt, Berlin 1875-1890, reprint G. Olms Verlag, 1978 (suivi du volume et de la page)

–, *Essais de théodicée, Sur la bonté de Dieu, la liberté de l'homme et l'origine du mal*, édition de J. Jalabert, Paris, Aubier, 1952.

–, *Œuvres*, éditées par L. Prenant, Aubier-Montaigne, 1972.

–, *Recherches Générales sur l'analyse des notions et des vérités*, éd par J.-B. Rauzy, Paris, P.U.F., 1998.

–, *Textes Inédits*, publiés et annotés par G. Grua, Paris, P.U.F., 1943.

MATES (B.), *The Philosophy of Leibniz, Metaphysics & Language*, New York, Oxford University Press, 1986.

MIGNINI (F.), « Die theologische Terminologie in Spinozas *Korte Verhandeling* », *Studia Spinozana*, 14 (1998), Würzburg, Königshausen & Neumann, 2003.

–, « "L'intendere è un puro patire" (KV 2/15, 5). Passività e attività della conoscenza in Spinoza », *La Cultura* 25 (1987) 1, p. 120-151.

MUGNAI (M.), *Introduzione alla filosofia di Leibniz*, Bari, Piccola Biblioteca Einaudi, 2001.

PETTIT (P.), *Républicanisme*, Paris, Gallimard, 2005.

POCOCK (J.G.A.), *Le Moment machiavélien*, Paris, P.U.F., 1997.

RAMOND (CH.), *Descartes, Promesses et Paradoxes*, Paris, Vrin, 2011.

–, « Pourquoi Descartes se défiait-il des promesses ? », in *Descartes e Espinosa, Analytica –Revista de Filosofia*, Rio de Janeiro : UFRJ, vol. 13 n°2, 2009, p. 29-63.

– (dir.), « *Une vie humaine...* » *récits biographiques et anthropologie philosophique*, Bordeaux, Presses Universitaires de Bordeaux, 2009.

RESCHER (N.), *Leibniz's Metaphysics of Nature*, Dordrecht, Reidel, 1981.

SCHUHMANN (K.), « Metodenfragen bei Spinoza und Hobbes : zum Problem des Einflusses », *Studia Spinozana*, vol. 3 (1987) : « Spinoza and Hobbes », Alling, Walther & Walther Verlag, 1987, p. 47-86.

SCRIBANO (M. E.), « La nozione di libertà nell'opera di Thomas Hobbes », *Rivista di Filosofia*, 16 (1980), p. 30-66.

SCHMITT (C.), *Le Léviathan dans la théorie de l'État de Thomas Hobbes*, Paris, Seuil, 2002.

SPITZ (J.-F.), *Le moment républicain en France*, Paris, Gallimard, 2005.

SECRETAN (C.), « La réception de Hobbes aux Pays-Bas au XVIIᵉ siècle », *Studia Spinozana*, vol. 3 (1987) : « Spinoza and Hobbes », Alling, Walther & Walther Verlag, 1987, p. 27-46.

SKINNER (Q.), *La liberté avant le libéralisme*, Paris, Seuil, 2000.

–, *Hobbes et la conception républicaine de la liberté*, Paris, Albin Michel, 2009.

SPINOZA (B.), *Korte Verhandeling/Court Traité*, texte établi par F. Mignini, trad. par J. Ganault, Paris, P.U.F., 2009.

–, *Œuvres 3, Éthique*, trad. fr., notices et notes par Ch. Appuhn, Paris, Garnier-Flammarion, 1965.

–, *Œuvres complètes, I, Traité de la Réforme de l'Entendement* et *Court Traité*, Texte établi par Filippo Mignini traduction par M. Beyssade et J. Ganault, notes par M. Beyssade et F. Mignini, introduction générale à la nouvelle édition des *Œuvres complètes* par P.-F. Moreau, Paris, P.U.F., **DATE**.

–, *Œuvres complètes, III, Traité Théologico-politique*, Texte établi par F. Akkerman et traduit par J. Lagrée et P.-F. Moreau, Paris, P.U.F., 1999.

–, *Traité Politique* 8/12, trad. fr. Ch. Ramond, Paris, P.U.F., 2005.

VAN DORSTEN (J.), (dir.), *Intertraffic of the Mind. Studies in seventheenth-century Anglo-Dutch translations, with a checklist of books translated from English into Dutch, 1600-1700*, Leiden, Brill, 1983.

–, *Ten Studies in Anglo-Dutch Relations*, Leiden-Londres, 1974.

VUILLEMIN (J.), *Nécessité ou Contingence*, Les Éditions de Minuit, Paris, 1984.

ZARKA (Y.C.), (dir.), *Hobbes et son vocabulaire*, Paris, Vrin, 1992.

–, *La décision métaphysique de Hobbes*, Paris Vrin, 1987, 2ᵉ éd., 1999.

–, *Hobbes et la pensée politique moderne*, 1995, 2ᵉ éd., 2000, 3ᵉ éd., 2012.

–, « Leibniz Lecteur de Hobbes : Toute puissance divine et perfection du monde », *Studia leibnitiana*, Sonderheft 21.

LES AUTEURS

Pierre GUENANCIA est professeur d'histoire de la philosophie moderne à l'Université de Bourgogne. Spécialiste de Descartes et de la pensée classique, il a récemment publié : *Le regard de la pensée. Philosophie de la représentation*, P.U.F., 2009, *Descartes chemin faisant*, Encre marine, 2010, *Divertissements pascaliens*, Hermann, 2011. Les éditions Gallimard viennent de rééditer *Descartes et l'ordre politique*, Tel, 2012. Il a codirigé l'ouvrage collectif *Lévi-Strauss et ses contemporains* paru aux P.U.F. à la rentrée 2012. Il travaille actuellement à la rédaction d'un essai philosophique sur le cosmopolitisme.

Filippo MIGNINI est professeur d'histoire de la philosophie à l'Université de Macerata. Il a étudié la philosophie moderne, de Cusano à Leibniz, et en particulier Spinoza, à qui il a dédié une centaine de titres, parmi lesquels on peut citer : *Ars imaginandi. Apparence et représentation chez Spinoza*, Edizioni scientifiche italiane, Naples, 1981, *Introduction à Spinoza*, Bari, Laterza, 1983, 2006 ; B. De Spinoza, *Korte Verhandeling / Court traité*. Introduction, édition critique, traduction et commentaire par F. Mignini, L'Aquila/Rome, Japadre, 1986 ; Spinoza, *Ethica : Introduction à la lecture*, Rome, Carocci, 1995 ; Spinoza, *Œuvres complètes*, sous la direction de F. Mignini, Milan, Mondadori (I Meridiani), 2007 ; Spinoza, *Œuvres 1, Premiers Écrits*, Paris, Vrin, 2009, Introduction, édition critique et notes du *Tractatus de intellectus emendatione* et du *Court traité*. Depuis une dizaine d'années il dirige l'édition des *Œuvres complètes* (10 vol.) de Matteo Ricci.

Jean-Maurice MONNOYER est professeur de Philosophie à Aix Marseille Université (AMU), et dirige le SEMA (Séminaire de métaphysique d'Aix en Provence) depuis 2008. Il a publié récemment sur Brentano : *Métaphysique de Brentano* et a dirigé le volume *Etudes de philosophie* 2008-2011. Il prépare une édition de C. Von Ehrenfels : «*Autour des qualités gestaltiques*». En 2010, il a traduit *Universaux* de David Amstrong et *Ontologia* de Achille Varzi. Son édition des *Ecrits français* de Walter Benjamin a récemment été traduite en espagnol aux Editions Amorrortu. A paraître en collaboration avec F. Clementz : *The*

Metaphysics of Relations, Ontos Verlag 2013, et pour Gallimard : *Tractatus Redivivus*.

Charles RAMOND est professeur des Universités (Paris 8 / Département de philosophie / EA 4008 LLCP), et ancien Délégué Scientifique de l'AERES pour les Sciences Humaines et Sociales. Ses travaux portent sur la philosophie moderne et contemporaine. Il a publié principalement : *Qualité et Quantité dans la Philosophie de Spinoza* (Paris, P.U.F., « Philosophie d'aujourd'hui », 1995) ; *Spinoza et la Pensée Moderne – Constitutions de l'Objectivité* (Paris : L'Harmattan, « La pensée en commun », 1998) ; *Spinoza, Traité Politique*, nouvelle traduction avec introduction et notes, Paris, P.U.F., « Épiméthée », 2005 ; *Dictionnaire Spinoza* Paris, Ellipses, 2007 ; *La philosophie naturelle de Robert Boyle*, éd., en collaboration avec Myriam Dennehy. Paris : Vrin, 2009 ; *Descartes, Promesses et paradoxes*, Paris, Vrin, 2011, *René Girard, La théorie mimétique – de l'apprentissage à l'apocalypse*, Paris, P.U.F., oct. 2010. Sous presse : *Sentiment d'Injustice et Chanson Populaire*, Paris, Vrin, 2012.

Yves Charles ZARKA est philosophe, professeur à la Sorbonne, Université Paris Descartes, chaire de Philosophie Politique. Il est professeur invité à l'Université Laval (Québec), à New York University, à la New School for Social Research (New York), à l'université de Dublin, à l'université de Jérusalem, à l'université de Porto Alegre (Brésil), aux universités de Rome, de Naples, de Palerme etc. Il est l'éditeur général des *Œuvres de Hobbes* (Vrin) et a également publié *La décision métaphysique de Hobbes* (Vrin) et *Hobbes et la pensée politique moderne* (P.U.F.) qui sont devenus des classiques internationaux des études sur l'époque moderne. Il dirige la revue *Cités* (P.U.F.) et, dans le cadre de ses travaux de philosophie politique contemporaine, a récemment publié *Critique des nouvelles servitudes* (P.U.F.), *La destitution des intellectuels* (P.U.F.), *Repenser la démocratie* (Armand Colin), *Le Monde émergent I* (Armand Colin), *Refaire l'Europe (avec Jürgen Habermas)* aux P.U.F. et *Démocratie, état critique*, chez Armand Colin.

TABLE DES MATIÈRES